Helmut Fischer
Haben Christen drei Götter?

TVZ

Helmut Fischer

Haben Christen drei Götter?

Entstehung und Verständnis der Lehre
von der Trinität

Theologischer Verlag Zürich

Die Deutsche Bibliothek – Bibliografische Einheitsaufnahme

Die Deutsche Bibliothek verzeichnet diese Publikation in der
Deutschen Nationalbibliografie; detaillierte bibliografische Daten
sind im Internet über http://dnb.ddb.de abrufbar.

Umschlaggestaltung
Simone Ackermann, Zürich unter Verwendung von
Andrej Rublev, «Trinität des Alten Testamentes (Die heilige
Dreifaltigkeit)», Tempera auf Holz, 142 x 114 cm, um 1411;
Tretjakov-Galerie, Moskau
© akg-images

Bibelzitate nach: Zürcher Bibel 2007

Druck
ROSCH-BUCH GmbH, Scheßlitz

ISBN 978-3-290-17497-2
© 2008 Theologischer Verlag Zürich

Inhaltsverzeichnis

Basis und Hintergrund der Trinitätslehre

Einführendes

Hinweise zur Lektüre

Das Thema «Trinität» gehört zu den geistig anspruchs-
vollsten Kapiteln in der Geschichte der kirchlichen Lehre.
Es führt aber auch an die entscheidenden Weichenstellungen und Entscheidungen in der Entwicklung des christlichen Glaubens- und Gottesverständnisses. Das Ziel lohnt
den Weg in der Weise, wie der Rundblick, den der Berg-
gipfel bietet, den Aufstieg dahin lohnt. Den Aufstieg auf
den hohen Gipfel wird niemand ohne ein elementares Wissen über die Welt der Berge und ohne fachgerechte Ausrüstung bewältigen. Nach der Grundregel des «learning by
doing» habe ich das nötige Grundwissen in die hier bevor-
stehende Bergwanderung so integriert, dass Sie es dort, wo
es nötig sein wird, bereits zur Verfügung haben. Die fach-
gerechten Ausrüstungsstücke sind bei unserer Tour einige
unumgängliche Fachbegriffe, ohne die manche Passagen
nicht oder nur mit großen Mühen zu nehmen wären. Sie
müssen diese Ausrüstung aber nicht bereits vom Basislager
als schweren Ballast mitschleppen. Was Sie davon brau-
chen werden, das wird Ihnen dort, wo es erforderlich ist,
nachgereicht, also ebenfalls zur Verfügung gestellt. Sie
müssen als Leser den Gipfel nicht an einem Tag erstürmen.
Die einzelnen Abschnitte sind so geschrieben, dass sie auch
in zeitlichem Abstand gelesen werden können und dennoch
verständlich bleiben. Dafür wurden einige Wiederholungen
in Kauf genommen. Die schwierigsten Fachbegriffe werden
in einem Glossar noch einmal erklärt.

Das Wort «Trinität» steht für das christliche Verständnis Gottes. Aber dieses Wort dürfte auch in seiner deutschen Fassung als «Dreieinigkeit» oder «Dreifaltigkeit» für die meisten Zeitgenossen seinem Inhalt nach ein Fremdwort sein. Selbst die regelmäßigen Gottesdienstbesucher werden damit nur wenig Konkretes verbinden, obwohl sie doch das Bekenntnis zum Dreieinigen Gott als dem Vater, dem Sohn und dem Heiligen Geist in jedem Gottesdienst mitsprechen. Theologische Lehrbücher, Katechismen und liturgische Texte aller Konfessionen stellen demgegenüber unbeirrt und übereinstimmend fest, dass die «Trinitätstheologie gesicherter theologischer Bestand aller Konfessionen ist» (Breuning, 524). Katholisch: «Das trinitarische Bekenntnis ist ... *die* Kurzformel des christlichen Glaubens und die entscheidende Aussage des christlichen Glaubensverständnisses» (Schneider I, 53f). Evangelisch: «Christliche Gotteslehre ist prinzipiell Trinitätslehre» (M. Barth, 272). Orthodox: «Für die orthodoxe Kirche ist die Dreifaltigkeit das unerschütterliche Fundament allen religiösen Denkens, aller Frömmigkeit, allen geistlichen Lebens, aller mystischen Erfahrung» (Larentzakis, 41). Generell gilt: Die Trinitätslehre ist «Bestandteil des christlichen Grundkonsenses» (Breuning, 521).

Wie aber kann es sein, dass der von den Theologen behauptete Kern des christlichen Glaubens den Gläubigen so gänzlich unverständlich bleibt? Es ist keine Erklärung, wenn der katholische Erwachsenen-Katechismus feststellt: «Dieses Bekenntnis zum Dreieinigen Gott ist ein tiefes Geheimnis, das kein erschaffener Geist von sich aus zu entdecken oder jemals zu begreifen vermag» (KEK, 85). Nun ist es durchaus kein Geheimnis, sondern gesicherte historische Erkenntnis, dass die Trinitätslehre nicht als unverständlicher Fremdkörper vom Himmel gefallen ist, sondern das Ergebnis einer Jahrhunderte währenden Denkbemühung darstellt. Was Menschen wann immer mit guten Gründen so und nicht anders formuliert haben, das muss bei einigem historischen Bemühen für alle Nachfolgenden auch nachvollziehbar sein. Sonst wäre der oft geäußerte Verdacht begründet, dass eine verstiegene theologische Spekulation nachträglich zum nicht befragbaren Geheimnis hochstilisiert worden ist, um sie der kritischen Nachfrage zu entziehen.

Nicht nur Christen, sondern auch Juden und Moslems scheinen mit der Trinitätslehre Schwierigkeiten zu haben. Das Christentum versteht sich zusammen mit dem Judentum und dem Islam als streng monotheistischer Gottesglaube. Aber Juden und Moslems sehen in der christlichen Trinitätslehre eine Lästerung dieses einzigen Gottes und den Abfall der Christen zur Vielgötterei. Dazu heißt es in der Sure 5,21f (nach Paret): «Ungläubig sind diejenigen, die sagen: Gott ist einer von Dreien ..., eine schmerzhafte Strafe wird sie treffen.» Sprechen die Christen wirklich von drei Göttern?

Atheisten und Agnostiker wollen in der Trinität «eine höchst seltsame multiple Persönlichkeitsstörung» sehen. Diese Beurteilung sagt nichts über den Sinn der Trinitätslehre; sie sagt aber sehr viel über den geistigen Horizont dessen, der zu diesem Urteil kommt. Nicht jede Aussage ist schon deshalb sinnlos und absurd, weil sie im Rahmen der eigenen Denkvorgaben und Sprachmöglichkeiten keinen Sinn ergibt. Diese Schrift möchte auch jenen zu einem historisch angemessenen Verständnis der Trinitätslehre helfen, die sich, durch wessen Schuld auch immer, bisher damit schwertaten.

Die religionsneutrale Auskunft von Kröners «Wörterbuch der Religionen» zur Trinität lautet so: Unter Trinität versteht man «die Einheit der drei göttlichen Personen im Christentum, Vater, Sohn und Geist» (Bertholet, 624). So zutreffend die Definition sein mag; die Fragen aber, wie diese drei göttlichen Personen in der Einheit des göttlichen Wesens gedacht werden können, bleiben ohne Antwort. Geheimnis, Rätsel, Spekulation, Zahlenspiel, Missverständnis? Klärungsbedarf – so scheint es – besteht allseitig und in vielfacher Hinsicht; vorab bei Christen selbst, aber nicht minder nötig bei Skeptikern und Gegnern des christlichen Glaubens und schließlich bei den Angehörigen anderer Religionen, die den christlichen Glauben seinem Selbstverständnis gemäß verstehen möchten.

Was ist von diesem Text zu erwarten?

Mit welchem Ziel und wie soll hier das Thema «Trinität» in den Blick genommen werden? Zunächst sei gesagt, was der Leser nicht zu befürchten hat. Wenn wir davon ausgehen müssen, dass die Trinitätslehre in langwierigen Klärungsprozessen auch unter dem Einfluss der vielfältigen geistigen Strömungen der ersten Jahrhunderte entstanden ist, so verbietet es sich, diese Trinitätslehre als die von Gott vorgegebene Voraussetzung für den christlichen Glauben zu nehmen und bereits den Weg, der zu dieser Trinitätslehre führte, im Licht des fertigen Denkmodells als theologisch notwendig auszulegen. Zirkelschlüsse dieser Art bringen keinen Erkenntnisgewinn; sie dienen lediglich dazu, die eigenen Vorgaben zu bestätigen. Unterbleiben soll auch der klassische Weg, nämlich das Nichtdenkbare durch Vergleiche denkbar zu machen und so als denknotwendig zu erweisen. Das entspräche dem absurden Vorhaben, ein Wunder dadurch retten zu wollen, dass man es wegerklärt.

Die folgenden Ausführungen sollen zeigen, wie es dazu gekommen ist, dass sich aus der Vielfalt der biblischen Christuszeugnisse ein Gottesverständnis aufgebaut hat, das so schwer nachvollziehbar ist, dass es sich uns als «tiefstes göttliches Geheimnis» darstellt. Es wird dabei nach den kulturellen Notwendigkeiten, nach den treibenden Kräften und Motiven, nach den kulturellen, religiösen, politischen und sprachlichen Bedingungen zu fragen sein, die bei der Ausformung der Trinitätslehre eine Rolle gespielt haben. Geistige Entwicklungen laufen selten geradlinig zu einem Ziel hin. Die Klärungsprozesse zur Gottesfrage innerhalb der Christenheit beanspruchten vier Jahrhunderte. Wir müssen hier nicht in alle Seitenarme und Sackgassen der Diskussion hineinleuchten, sondern können uns darauf beschränken, die in der Rückschau als wesentlich erkennbaren Positionen, Grundgedanken und Weichenstellungen herauszuarbeiten, die zur Trinitätslehre hinführten.

Das Gottesverständnis Jesu

Der Charakter unserer Quellen

Von Jesus selbst haben wir keine schriftlichen Zeugnisse. Wie er sich selbst und wie er sein Verhältnis zu Gott verstanden hat, das können wir nur aus den Texten des Neuen Testaments ermitteln. Diese aber sind durchweg Christuszeugnisse aus der Sicht des österlichen Glaubens. Das

11

heißt, die neutestamentlichen Texte zeichnen nicht den historischen Jesus, sondern sie bekennen den auferstandenen Christus, der sich seit Ostern im Leben von Menschen als lebendig erwiesen hat. Von dieser Sicht der nachösterlichen Gemeinden ist das Bild des historischen Jesus von Nazaret überformt.

Jesu Gottesverständnis bleibt im Rahmen des Judentums

Eine Analyse der neutestamentlichten Texte ergibt keine Anhaltspunkte dafür, dass Jesus in irgendeiner Weise von dem strengen monotheistischen Gottesverständnis seiner Religion abgewichen wäre. Als historisch verbürgt darf gelten, dass Jesus für Gott vorzugsweise die Bezeichnung «Vater» oder «Abba» wählte. Für jüdische Gläubige war es nicht ungewöhnlich, Gott als Vater zu bezeichnen. Das geht noch nicht über das jüdische Selbstverständnis hinaus. Denn Israel kannte das Wort, das Mose vor dem Auszug an den ägyptischen Pharao ausrichten sollte: «So spricht der HERR: Israel ist mein erstgeborener Sohn. Und ich habe dir gesagt: Lass meinen Sohn (d.h. das Volk Gottes) ziehen, damit er mir diene» (Ex 4,22f). Als Angehörige des erwählten Volkes konnten alle Israeliten Gott ihren Vater nennen und sich als seine Kinder verstehen. Es gehört zum kollektiven Bilderschatz des Judentums, «dass Gott Vater ist und wie eine Mutter handelt» (Theißen 96, 458). Wenn Jesus sogar das familiäre aramäische Wort «Abba» verwendet, das etwa unserem «Papa», «lieber Vater» entspricht, so könnte sich darin sein besonders enges Verhältnis zu Gott ausdrücken. So sagt er in seinem Gebet im Garten Getsemani: «Abba, Vater, alles ist dir möglich. Lass diesen Kelch an mir vorübergehen!» (Mk 14,36).

Jesus setzt sich Gott nicht gleich

Als unwahrscheinlich gilt es, dass Jesus sich in einem herausgehobenen Sinn als «der Sohn» verstand. In dem Satz «Alles ist mir übergeben worden von meinem Vater ...» (Mt 11,27) drückt sich bereits die spätere Deutung Jesu durch die Gemeinde aus. Vom historischen Jesus könnte hingegen das Wort aus den Texten über die Endzeit stammen: «Jenen Tag oder jene Stunde kennt niemand, ... der Sohn nicht, nur der Vater» (Mk 13,32). Jesus sagt hier sehr deutlich, dass Vater und Sohn nicht das gleiche Wissen haben, also auch nicht identisch sind. Dieser Satz hat späteren Auslegern viel Kopfzerbrechen bereitet, weil er wie eine Sperre gegen alle Versuche dasteht, Gott und Jesus gleichzusetzen.

Die Christusbekenntnisse in den neutestamentlichen Schriften

Am Anfang steht die Vielfalt

Bei der Lektüre biblischer Texte muss uns bewusst sein, dass wir keine direkten Quellen von Jesus haben, sondern nur Quellen über ihn. Diese Quellen über ihn sind keine neutralen biographischen Notizen aus der Feder distanzierter Beobachter, sondern allesamt Zeugnisse und Bekenntnisse von Christen der nachösterlichen Gemeinde. Was uns diese Zeugnisse über den historischen Jesus und dessen Selbstverständnis sagen, das ist also bereits «gedeutete Geschichte». Diese Texte wollen nicht einfach dokumentieren, wer der historische Jesus von Nazaret war; sie bezeugen vielmehr, was der lebendige Jesus für unser Leben bedeutet.

In die neutestamentlichen Schriften sind die Bekenntnisse und Zeugnisse vieler unterschiedlicher Menschen und unterschiedlicher regionaler Traditionen eingegangen. Deshalb begegnen uns auch recht unterschiedliche Versuche, die Bedeutung Jesu zum Ausdruck zu bringen. Am Anfang finden wir daher eine große Vielfalt von Bekenntnissen zu Christus und nicht eine gemeinsame Formel. Ein gemeinsames Christusbekenntnis war erst das Ergebnis langwieriger Denkbemühungen.

Die Hoheitstitel Jesu

Die Menschen, die dem Ausdruck geben wollten, was Jesus für sie bedeutete, griffen ganz unbefangen auf die Bilder, Metaphern, Symbole und Gottesprädikate zurück, die ihnen in ihrer Religion und Kultur vertraut waren. In der jüdischen Kultur sah man in Jesus einen Propheten, den Gottesknecht oder das Opferlamm, einen Nachkommen König Davids, den Sohn, den Hohepriester, den erwarteten Menschensohn und den Messias. Da die Christusbotschaft sich sehr schnell über die Grenzen der jüdischen Kultur hinaus in die religiös vielgestaltige Welt des Römischen Reiches ausbreitete, kamen einige der jüdischen Welt fremde Bezeichnungen für Jesus hinzu. Im Bereich der vielen Religionen und Philosophien des Römischen Reichs verglich oder identifizierte man Jesus mit religiösen Gestalten und religiös-philosophischen Größen der eigenen Kultur wie z.B. mit dem Logos, der das Prinzip allen Seins und das Göttliche in mancherlei Gestalt verkörperte. Mit der Bezeichnung «der Herr» drückte man aus, dass er über

Königen und Kaisern stand. Man sah in ihm einen Heils-
bringer/Sotér, eine Erlösergestalt, die im Mittelpunkt vieler
Mysterienkulte stand. Darauf muss hier nicht im Einzelnen
eingegangen werden.

Der Titel «Sohn»

Für die Ausformung des Gottesverständnisses sollte die Bezeichnung «Sohn» im Sinne von «Sohn Gottes» eine zentrale Rolle spielen. In der Bibelwissenschaft besteht weithin
Einigkeit darüber, dass Jesus sich niemals selbst in einem
herausgehobenen Sinn als Sohn Gottes bezeichnet hat. Seine Jünger haben das vor Ostern wohl auch nicht getan. In
den Evangelien finden wir eine Szene, in der Jesus seine
Jünger fragt: «Für wen haltet ihr mich?» (Mk 8,29). Petrus
antwortete: «Du bist der Christus/der Messias.» Im Matthäusevangelium, das Jahrzehnte nach dem Markusevangelium entstanden ist, wird hinzugefügt: «... der Sohn des lebendigen Gottes!» (Mt 16,16). Diese Szene wurde freilich
aus der Sicht der nachösterlichen Gemeinde geformt und
sie gibt daher das Jesusverständnis der nachösterlichen
Gemeinde wieder.

Was aber ist unter «Sohn» zu verstehen? Für uns
scheint das eindeutig zu sein. Mit «Sohn» bezeichnen wir
die biologische Herkunft eines Menschen von bestimmten
Eltern. Das galt in Palästina natürlich auch. Aber zur Zeit
Jesu wäre es hier als Gotteslästerung gewertet worden,
wenn es jemand gewagt hätte, einen Menschen als den
leiblichen Sohn Gottes zu verstehen. Gerade dies scheint
man aber nach dem Johannesevangelium Jesus vorgewor-
fen zu haben. Im Prozess gegen Jesus rufen die Juden Pilatus zu: «Wir haben ein Gesetz, und nach dem Gesetz muss

er sterben, denn er hat sich zum Sohn Gottes gemacht» (Joh 19,7). Demnach schien es in Israel als gotteslästerliches und damit als ein todeswürdiges Verbrechen zu gelten, sich selbst oder jemanden zu Gottes Sohn zu erklären. Nun haben wir aber auch das Bekenntnis des Petrus: «Du bist der Sohn des lebendigen Gottes.» Diese Äußerung hat offenbar nicht die mindeste Reaktion der Empörung ausgelöst. Daraus ist zu schließen, dass Jesus auch von der nachösterlichen Gemeinde in Palästina nicht als leiblicher Sohn Gottes verstanden wurde, sondern in jenem übertragenen Sinn, der jüdischen Menschen vertraut war.

«Sohn Gottes» im jüdischen Verständnis

Es gehörte zum Selbstverständnis des Volkes Israel, sich selbst als Sohn Gottes zu verstehen. Beim Propheten Hosea lesen wir: «Als Israel jung war, habe ich es geliebt, und ich rief meinen Sohn (Volk) aus Ägypten» (Hos 11,1). Diese Sohnschaft wurde freilich nie biologisch verstanden, sondern metaphorisch. Im Bild vom engen Verhältnis zwischen Vater und Sohn wird das enge Verhältnis zwischen Jahwe und seinem Volk zum Ausdruck gebracht. Zu diesem engen Verhältnis hat sich Israel allerdings nicht von sich aus entschlossen. Israel weiß sich vielmehr von Jahwe zum Sohn erwählt. Diese Erwählung durch Jahwe macht das Volk Israel zum Sohn Gottes und die Angehörigen dieses Volkes zu Söhnen und Töchtern Gottes. «Bring meine Söhne aus der Ferne und meine Töchter vom Ende der Erde» (Jes 43,6).

Die gleiche Denkfigur der Erwählung zum Sohn Gottes begegnet uns auch an anderer Stelle. Der Prophet Natan wird von Gott mit einer Botschaft an König David beauftragt. Sie lautet: «Geh, und sage zu meinem Diener, zu David: Ich werde ihm Vater sein, und er wird mir Sohn sein» (2Sam 7,5.14). Diese göttliche Erwählung soll auch für alle Nachkommen Davids auf dem Königsthron gelten. Jeder einzelne König aus dem Hause David wird durch einen Akt der Inthronisation zum Sohn Gottes. In Psalm 2 ist uns die entscheidende Formel dieses Rituals zur Thronbesteigung erhalten. Sie lautet: «Du bist mein Sohn, heute habe ich dich gezeugt» (Ps 2,7). Auch hier ist nicht von einer leiblichen Herkunft oder von einer göttlichen Natur aufgrund göttlicher Herkunft die Rede, sondern von dem Auftrag und von der Vollmacht, im Amt des Königs den Geist des göttlichen Vaters zu verwirklichen. Der König wird durch eine Art Adoption in sein Sohnesamt eingesetzt, damit er das erwählte Volk heil durch die Fährnisse der Geschichte führt.

Die Denkfigur, den König als Sohn Gottes zu verstehen, ist von Israel nicht erfunden, sondern bereits vorgefunden worden. In der viel älteren Kultur Ägyptens galt der jeweilige Pharao als der Sohn des (Sonnen-)Gottes, und zwar von diesem physisch gezeugt und von der Königsmutter zur Welt gebracht. Diesen Gedanken einer leiblichen Abstammung von Gott hat Israel bewusst ausgeschlossen. David und seine Nachfolger auf dem Königsthron werden zu Söhnen Gottes nicht durch leibliche Zeugung; sie werden durch das Wort Gottes als Gottes Söhne eingesetzt. Kurz gesagt: Nach alttestamentlichem jüdischen Verständnis wird man zum Sohn Gottes durch Adoption. Das gilt für das Volk ebenso wie für die Könige. Der Gedanke, dass ein Sohn Gottes im leiblichen Sinn von göttlicher Art sein könnte, ist traditioneller jüdischer Denkweise fremd, ja unvorstellbar.

Die jüdische Sohn-Gottes-Vorstellung im Neuen Testament

Im *Markusevangelium,* dem ältesten und ersten Evangelium, beginnt die Geschichte Jesu mit dessen Taufe. Dort lesen wir: Als Jesus nach seiner Taufe durch Johannes aus dem Jordan stieg, da tat sich der Himmel auf und der Geist Gottes senkte sich – wie eine Taube herabsteigend – in ihn hinein und aus dem Himmel erscholl eine Stimme: «Du bist mein geliebter Sohn, an dir habe ich Wohlgefallen» (Mk 1,11). Dieser Vorgang entspricht dem Einsetzungsritual der Könige Israels. Im Lukasevangelium wird in der Taufgeschichte von einem Textzeugen sogar die Formel aus diesem Ritual hinzugefügt: «Mein Sohn bist du. Heute habe ich dich gezeugt.» Die Taufgeschichte sagt: Jesus wird nach seiner Taufe von Gott als Sohn adoptiert, als Sohn Gottes ausgerufen und für seinen Auftrag mit Gottes Geist erfüllt. Dabei ist als selbstverständlich vorausgesetzt, dass Jesus wie jedes andere Menschenkind menschliche Eltern hat. Im Markusevangelium gibt es keinen Hinweis, der etwas anderes nahelegte. Das lässt darauf schließen, dass zu Jesu Herkunft auch 75 Jahre nach seiner Geburt nichts Erwähnenswertes zu berichten war.

Die unterschiedlichen Stammbäume Jesu in den Evangelien des Matthäus und Lukas, die beide zu Josef führen, sind daraufhin angelegt, Jesus über Josef als einen Nachfahren Davids zu erweisen. Denn dem Hause David gilt die Natan-Verheißung: «dein Thron soll allezeit fest stehen» (2Sam 7,16). Hier spielt die Vaterschaft Josefs geradezu die Schlüsselrolle im Beweisgang. Lukas leitet den Stammbaum sogar mit dem Satz ein: «Und er, Jesus, war etwa dreißig Jahre alt, als er zu wirken begann. Er war, wie man annahm, ein Sohn des Josef» (Lk 3,23).

In den Briefen des Apostels Paulus finden wir zwei Hinweise zur genealogischen Herkunft Jesu. Im Brief an die Galater, den der Apostel etwa im Jahr 52 schrieb, sagt er: «Als sich aber die Zeit erfüllt hatte, sandte Gott seinen Sohn, zur Welt gebracht von einer Frau» (Gal 4,4). Den Namen der Mutter Jesu nennt er gar nicht oder er kennt ihn vielleicht nicht. Besonderheiten seiner Herkunft oder seiner Geburt erwähnt er nirgendwo. Im Brief an die Römer, der aus dem Jahr 55/56 stammt, spricht Paulus von Jesus Christus, dem Sohn Gottes, «der nach dem Fleisch aus dem Samen Davids stammt» (Röm 1,3), d.h. geboren als leiblicher Sohn des David-Nachkommen Josef. 25 Jahre nach Jesu Tod ist Paulus von einer anderen als menschlichen Herkunft Jesu, und zwar aus dem Hause David, offenbar nichts bekannt.

«Sohn Gottes» im Verständnis der hellenistischen Kultur

Die Botschaft von Jesus, dem Sohn Gottes, ist schon wenige Jahre nach Jesu Tod über die Grenzen der jüdischen Welt in die religiös vielgestaltige Welt des großen Römischen Reichs gedrungen. Wenn die Menschen, die in den Traditionen der hellenistischen Kultur lebten, von einem Sohn Gottes hörten, so verbanden sie damit ganz andere Vorstellungen als die Juden das taten. Wo die alten griechischen Göttererzählungen noch lebendig waren, da wusste man, dass z.B. der Gottvater Zeus mit vielen Menschenfrauen Kinder hatte (z.B. Herakles, Hermes, Dionysos u.v.a.m.). Auch herausragende Männer der Antike wie z.B. die Philosophen Pythagoras und Plato galten als leibliche Söhne des Gottes Apoll. Menschen der hellenistischen Kultur verstanden unter einem Sohn Gottes ganz unbefangen und selbstverständlich den leiblichen Sohn eines Gottes und einer menschlichen Frau.

Von vielen dieser Göttersöhne wurden Besonderheiten im Zusammenhang mit der Geburt erzählt. Alexander der Große, der als Sohn des Göttervaters Zeus galt, wurde von seiner jungfräulichen Mutter durch einen himmlischen Blitz empfangen. Die Mutter des Kaisers Augustus soll im Apollo-Tempel von einer Schlange, dem heiligen Tier dieses Gottes, heimgesucht worden sein. Laotse wurde von einer Götterjungfrau empfangen, als sich eine Sternschnuppe auf ihren Lippen niederließ. Selbst Plato wurde für den Sohn einer Jungfrau gehalten.

In den meisten Kulturen der Alten Welt findet man das Denkmodell, wonach das Außerordentliche eines Menschen dadurch ausgedrückt wird, dass man ihn als Sohn eines Gottes und einer menschlichen Frau, oft einer Jungfrau, versteht. Die Geschichten zeigen allein schon durch ihre phantasievolle Vielfalt, dass sie nicht als Mitteilung über genealogische oder gynäkologische Fakten gelesen werden wollen, sondern als poetische Hinweise auf das Besondere einer Person.

Spuren hellenistischen Denkens im Neuen Testament

Das hellenistische Verständnis eines Gottessohnes hat sich auch in den Evangelien des Matthäus und Lukas niedergeschlagen. Das ist nicht verwunderlich, da beide Evangelien außerhalb Palästinas in hellenistischem Umfeld verfasst wurden, und zwar für Menschen, die selbst außerhalb Palästinas lebten. Das Matthäusevangelium entstand zwischen 80 und 100 in Syrien, das Lukasevangelium wurde um etwa 90 von einem ehemaligen Heiden in einer der großen hellenistischen Städte der Mittelmeerwelt geschrieben. Beide haben dem Textbestand, den sie von Markus übernahmen, unterschiedliche Geschichten über die Geburt Jesu vorangestellt, die im Denkmodell der hellenistischen Gottessohn-Vorstellung verfasst sind (Mt 1,18–25; Lk 1,26–38 u. 2,1–10). Diese Geschichten erschienen ihnen geeignet, die Besonderheit und die göttliche Dimension der Person Jesu zum Ausdruck zu bringen. Wir wissen nicht, in welchem hellenistischen Umfeld diese Geburtsgeschichten entstanden sind. Wir wissen auch nicht genau, wie hoch der schöpferische Anteil der beiden Evangelisten bei der Ausgestaltung dieser Geschichten zu veranschlagen ist. Wir wissen aber, dass sie als Symbole verstanden wurden.

Im *Matthäusevangelium* wird erzählt, dass Maria mit Josef verlobt war. «Noch bevor sie zusammengekommen waren, zeigte es sich, dass sie schwanger war vom heiligen Geist» (Mt 1,18). Dem irritierten Josef verkündet ein Engel im Traum: «denn was sie empfangen hat, ist vom heiligen Geist» (Mt 1,20). Mit «Heiliger Geist» ist die Vaterschaft Gottes so umschrieben, dass leibliche Vorstellungen außen vor bleiben. Die Verbindung zum Stamm Davids stellt Matthäus dadurch her, dass Josef als Nachkomme Davids das Kind adoptiert und es auf diese Weise rechtsgültig in die Nachkommenschaft Davids eingliedert.

Im *Lukasevangelium* wird diese Geschichte dem Hergang nach zwar anders, aber doch im gleichen Denkmodell erzählt. Hier wird die göttliche Vaterschaft nicht nachträglich dem Verlobten vermittelt, sondern der Jungfrau Maria durch einen Engel bereits vorab angekündigt: «Der Heilige Geist wird über dich kommen und die Kraft des Höchsten wird dich überschatten» (Lk 1,35). Das Motiv der Jungfräulichkeit der Maria, das sich in nachbiblischer Zeit zu verselbstständigen begann, spielt für die Aussage über Jesus so gut wie keine Rolle. Überhaupt wird eine außerordentliche Geburt von Jesus außerhalb der Geburtsgeschichten in den Evangelien des Matthäus und Lukas weder in diesen Evangelien selbst noch in einer der anderen 25 Schriften des Neuen Testaments auch nur andeutungsweise erwähnt.

Wir halten fest: Nach der *Tauf*geschichte wurde Jesus zum Sohn Gottes dadurch, dass das bis dahin normale Menschenkind nach der Taufe mit dem Geist Gottes erfüllt wurde. Im Verständnis der beiden *Geburts*geschichten ist Jesus von der Empfängnis an der Sohn Gottes und somit auch von göttlicher Art. Die *Tauf*geschichte sieht Jesus als Geistträger von der Taufe an; die *Geburts*geschichten sehen ihn von Empfängnis und Geburt an in seinem gesamten Menschsein als vom Geist Gottes gewirkt und bestimmt. *Gemeinsam* bringen beide Erzähltraditionen in je ihrer symbolischen Redeweise zum Ausdruck, dass Jesu Person und Werk über alles Menschliche hinausweisen und göttliche Züge tragen. Dafür steht das Stichwort «Geist».

Seit wann ist Jesus der Sohn Gottes?

Uns heutigen Lesern drängt sich angesichts dieser Differenzen die Frage auf, seit wann denn nun Jesus als Sohn Gottes zu gelten hat. Die Taufgeschichte sagt: seit seiner Taufe. Die beiden Geburtsgeschichten sagen: seit der Empfängnis. Und bei Paulus lesen wir: Jesus sei «eingesetzt als Sohn Gottes in Macht, seit der Auferstehung von den Toten» (Röm 1,4). Wir werden sehen, dass damit noch nicht alle Möglichkeiten ausgeschöpft sind. Aber was gilt denn nun? Ist Jesus der Sohn Gottes seit der Geburt, seit seiner Taufe oder seit seiner Auferweckung von den Toten? Die Frage stellt sich in dieser Form des Entweder-Oder nur dann, wenn man die biblischen Texte entgegen ihrem Selbstverständnis nicht als symbolische Hinweise, sondern als Faktenaussagen versteht. So verstanden, hätten wir es mit Feststellungen zu tun, die sich gegenseitig ausschließen. Wir sehen aber, dass sowohl in den Evangelien als auch bei Paulus die unterschiedlichen Aussagen problemlos nebeneinander stehen können. Es ist wohl kaum anzunehmen, dass den Verfassern diese Widersprüche entgangen sein könnten. Wenn also in den Vorgeschichten der Evangelien des Matthäus und Lukas der Stammbaum Jesu, der zu Josef führt, die Zeugung durch den Heiligen Geist und die Taufe nebeneinander stehen, so kann das nur heißen, dass diese Texte eben nicht als Faktenbehauptungen nebeneinander gestellt worden sind, sondern wegen des Hinweischarakters, der in ihren Symbolen liegt. Symbole, Metaphern und Bilder widersprechen einander aber nicht, weil sie keine Faktenbehauptungen aufstellen; sie ergänzen einander, sie setzen unterschiedliche Schwerpunkte, sie beleuchten unterschiedliche Seiten des einen und gleichen. Einigkeit besteht darin: Was Jesus tut und wirkt, das weist ihn als Sohn Gottes aus, der aus dem Geist und aus der Vollmacht des Vaters handelt. Philosophische Überlegungen zum irdischen und göttlichen Wesen Jesu sind in den ersten drei Evangelien, die man wegen ihrer engen Verwandtschaft die «synoptischen Evangelien» nennt, noch nicht im Blick.

Zwischenbemerkung zum Charakter der biblischen Texte

In der Art, wie die Evangelien und die übrigen biblischen Texte in Gesprächen und populären Schriften zitiert und eingesetzt werden, fällt die Neigung auf, diese Texte als Sachberichte, als Protokolle oder als dogmatische Verlautbarungen zu verstehen. Deshalb sei hier an den Charakter dieser Texte erinnert, die uns in der Bibel vorliegen. Alle biblischen Texte sind als Aussagen zu lesen, die im Lichte des Osterglaubens und der Ostererfahrung formuliert, gesammelt und bearbeitet worden sind. Wir haben es mit Zeugnissen, mit Bekenntnissen, mit Christusverkündigungen zu tun. Das ist der historische Tatbestand. Wir erfahren also an keiner Stelle mit der Autorität verbürgter Objektivität, wer Jesus war; wir erfahren in diesen Texten, wie Menschen, die aus der Ostererfahrung lebten, Jesus gesehen, verstanden und gedeutet haben. Nur diese Tatbestände sind für uns historisch erkennbar und dokumentiert. Im Blick auf das Verständnis Jesu bildet das Osterereignis eine nicht mehr rückgängig zu machende Zäsur; denn vor Ostern wurde Jesus als der Verkündiger des Reiches Gottes erfahren, im Lichte der Ostererfahrung wird er vom Verkündiger zum Verkündigten, d.h. zum Inhalt der Verkündigung. Dabei wird aber nicht über irgendwelche Seins- und Wesenszustände Jesu spekuliert. Auf die Frage, wer Jesus seinem Wesen nach ist, können uns weder Theologen, Philosophen, Sozialwissenschaftler, Psychologen noch die neutestamentlichen Texte eine objektive Antwort geben. Hier bezeugen Menschen in der Metapher vom Sohn Gottes, dass Jesus in der Erfahrung ihres eigenen Lebens den Himmel auf die Erde und Gott zu uns Menschen gebracht hat.

Das unterschiedliche Verständnis der Person Jesu

Der *Apostel Paulus* und seine Briefe (geschrieben zwischen den Jahren 50 und 56) veranschaulichen, von welcher Art die biblischen Aussagen über Jesus sind. Paulus war seinem Alter nach ein Zeitgenosse Jesu; er ist ihm aber nie persönlich begegnet. Von seinem Berufungs-Widerfahrnis in Damaskus (33/35) sagt er: «Als es aber Gott ... gefiel, mir seinen Sohn zu offenbaren, dass ich ihn unter den Völkern verkündige» (Gal 1,15f). Mit der Offenbarung des Sohnes ist auch hier kein Aufschluss über das Wesen Jesu gemeint, sondern die persönliche Erfahrung des Apostels, dass er sein bisheriges altes Leben und Denken ablegen konnte und zu einer neuen Lebenswirklichkeit erstanden ist. Dazu: «Wenn also jemand in Christus ist, dann ist das neue Schöpfung; das Alte ist vergangen, siehe, Neues ist geworden» (2Kor 5,17).

Was das Verständnis Jesu angeht, so beruft sich Paulus auf Traditionen, die er selbst «empfangen» hat, d.h. von christlichen Gemeinden überliefert bekam. Da Paulus sich zum Verkündiger unter den Heiden berufen wusste und seine Briefe auch an hellenistische Gemeinden schrieb, griff er für seine Christusverkündigung besonders jene Denkformeln auf, die seinen hellenistischen Hörern und Lesern aus ihrer religiösen Umwelt vertraut waren. So nahm er in seinem Brief an die Gemeinde in Philippi (Phil 2,5ff) einen Hymnus auf, der in der hellenistischen Welt offenbar umlief. Er leitet ihn mit dem Satz ein: «Seid so gesinnt, wie es eurem Stand in Christus Jesus entspricht» und zitiert dann:

«Er, der doch von göttlichem Wesen war,
hielt nicht wie an einer Beute daran fest,
Gott gleich zu sein,
sondern gab es preis
und nahm auf sich das Dasein eines Sklaven,
wurde den Menschen ähnlich,
in seiner Erscheinung wie ein Mensch.
Er erniedrigte sich
und wurde gehorsam bis zum Tod.»

Hier fügt Paulus erläuternd hinzu: nämlich «... zum Tod am Kreuz».

Dieser Hymnus spricht in seiner ersten Strophe von einem Erlöser, der aus der Sphäre der göttlichen Welt kommt. Für seine Mission unter den Menschen nimmt er menschliche Gestalt an, um die dämonischen Mächte zu täuschen. Die zweite Strophe, die der Apostel ebenfalls bearbeitet hat, sagt, dass dieser Erlöser, nachdem er seinen Auftrag erfüllt hat, seinen irdischen Leib wieder abstreift und sich in die göttliche Sphäre zurückzieht. Es kann hier offen bleiben, ob dieser Hymnus der gnostischen Bewegung oder einer der anderen Erlösungslehren jener Zeit entstammt. Paulus jedenfalls schien dieses Denkmodell geeignet, um das Erlösungsgeschehen zu verdeutlichen, das Jesus mit seinem Kommen in Gang gesetzt hat. Er identifiziert die Erlösergestalt mit Christus.

Da es aber in der hellenistischen Welt keine Erlösergestalt gab, die am Kreuz gestorben ist, hebt er Jesus von jenen hellenistischen Erlösergestalten ab, die ja nur zum Schein einen Menschenleib angenommen hatten und deshalb auch nur zum Schein gestorben sein konnten. Paulus betont mit seinem Hinweis auf das Kreuz, dass Jesus bis hin zu seinem schrecklichen Tod am Kreuz als ganzer und wahrer Mensch gelebt und gelitten hat.

Wenn der Philipperbrief etwa im Jahr 55 geschrieben worden ist, so hätten wir hier den ersten Hinweis darauf, dass der Sohn Gottes in der hellenistischen Welt als eine Gestalt vorgestellt werden konnte, die bereits vor ihrem irdischen Leben – also präexistent – bei Gott war und von Gott in die Welt gesandt wurde. In dieser Vorstellung finden wir allerdings noch keinerlei Gedanken darüber, wie diese vorirdische Existenz bei Gott zu denken wäre. Offenbar gab es aber bereits um das Jahr 50 die Tendenz, Jesus von Nazaret auch als Person in die Nähe Gottes zu rücken.

In den *johanneischen Schriften* finden wir die Tendenz zur Vergöttlichung Jesu bereits deutlich ausgeprägt. Diese Texte sind um 100 bis 120 wahrscheinlich in Kleinasien, also ebenfalls im Bereich der hellenistischen Kultur mit ihren vielen Kulten und religiösen Strömungen entstanden. Das Schlüsselwort, durch das die Göttlichkeit Jesu zur Sprache gebracht wird, ist hier das griechische Wort «*logos*», das wir sehr unzureichend mit «Wort» übersetzen. Aber der Begriff «Logos» hat in der griechischen und auch in der vom Hellenismus berührten jüdischen Geisteswelt eine lange und eine sehr vielgestaltige Geschichte, auf die hier im Einzelnen nicht einzugehen ist. Johannes greift für seine Verkündigung darauf zurück.

Das Johannesevangelium beginnt mit dem Satz: «Im Anfang war das Wort, der Logos, und der Logos war bei Gott, und von Gottes Wesen war der Logos» (Joh 1,1). Jesus war dieser Mensch gewordene Logos. Von ihm wird gesagt, dass er vor seinem Erdenleben bereits bei Gott existierte. Der Logos wurde in der griechischen Philosophie als ein abstraktes Prinzip der Weltvernunft gesehen und bereits von dem hellenistisch beeinflussten Philosophen PHILON († 45/50) als Mittlergestalt zwischen Gott und der Welt verstanden. Dieser Logos wird von Johannes mit dem konkreten historischen Menschen Jesus gleichgesetzt und erhält damit personale Züge. Als personhafte Größe existierte der Logos = Jesus – nach Johannes – von seinem «ewigen Ursprung her» (Hahn I, 618) in der Gemeinschaft und in der Einheit mit Gott. «Dieser (der Logos) war im Anfang bei Gott» (Joh 1,2). Er hat Anteil am Göttlichen, wird aber von Gott als eine eigenständige Größe unterschieden.

Aus seiner Einheit mit Gott ist der Logos tätig geworden. Die gesamte Schöpfung ist bereits sein Werk: «Alles ist durch ihn geworden, und ohne ihn ist auch nicht eines geworden, das geworden ist» (Joh 1,3). In die von ihm hervorgebrachte Schöpfungswelt tritt er selbst ein, denn: «Und das Wort, der Logos, wurde Fleisch und wohnte unter uns, und wir schauten seine Herrlichkeit, eine Herrlichkeit, wie sie ein Einziggeborener vom Vater hat, voller Gnade und Wahrheit» (Joh 1,14). Mit dieser Inkarnation (Menschwerdung) wird der schöpferische Logos als Gottes Wort auch für den Menschen sichtbar und erfahrbar. Im Logos = Jesus offenbart sich Gott den Menschen.

Blicken wir zurück: Im Markusevangelium (geschrieben um 70) wird Jesus als normaler Mensch verstanden, der nach seiner Taufe mit dem Geist Gottes erfüllt wird. In den Geburtsgeschichten der Evangelien des Matthäus und Lukas (geschrieben zwischen 80 und 100) wird die vom Heiligen Geist verursachte wunderbare Geburt Jesu hervorgehoben. Die Vorstellung eines Übergangs Jesu von der göttlichen in die irdische Welt ist in diesem Denkmodell der Geburtsgeschichten weder im Blick noch im Horizont. Die drei ersten Evangelien kennen also noch keine Präexistenz Jesu. Sie kennen auch «keine Reflexion über den Akt der Menschwerdung im Sinne des Übergangs aus der göttlichen in die irdische Wirklichkeit» (Hahn I, 622). Von der Inkarnation eines Präexistenten kann also noch nicht die Rede sein. Im Johannesevangelium (geschrieben zwischen 100 und 120) hingegen ist die Inkarnation des Logos, in der sich Gott selbst offenbart, der Kern der Verkündigung. Deshalb schimmert hier im irdischen Jesus der göttliche Logos stets durch. «Jesus erscheint als ein über die Erde wandelnder Gott.» (Theißen 01, 255) Er verkündigt Gott, indem er sich selbst verkündigt. Indem er auf sich selbst weist, weist er auf Gott. In seinem Wirken ereignet sich Gott, geschieht Göttliches. In den Gemeinden mit jüdischem Hintergrund war aus Jesus von Nazaret der verheißene Messias und Adoptivsohn Gottes geworden. Im hellenistischen Bereich ist aus dem irdischen Mann aus Nazaret ein präexistentes göttliches Wesen geworden.

Der Sendungsauftrag als das Gemeinsame

Die Vorstellungsformen, in denen gläubige Menschen die Person Jesu zu erfassen suchten, sind – wie wir gesehen haben – kulturell unterschiedlich gefärbt. Alle heben aber hervor, dass Jesus von Gott «gesandt» worden ist. Der Sendungsauftrag steht trotz unterschiedlicher Personenvorstellungen bei allen im Vordergrund. Paulus sagt: «Als sich aber die Zeit erfüllt hatte, sandte Gott seinen Sohn, zur Welt gebracht von einer Frau» (Gal 4,4). Er selbst versteht sein Berufungserlebnis nahe Damaskus (Apg 9 und Gal 1,11–23) so, dass er dadurch als «Gesandter an

Christi Statt» (2Kor 5,20) zu den Heiden gesandt ist. Inhaltlicher Hintergrund für dieses Selbstverständnis ist die jüdische Rechtsauffassung, wonach der Abgesandte/der Botschafter den aussendenden Auftraggeber voll repräsentiert und als Bevollmächtigter im Sinne eines Stellvertreters für den Sendenden auch handelt. Das Wort «Sendung» oder «senden» wird generell in diesem Verständnis benutzt. «Wer euch aufnimmt, nimmt mich auf, und wer mich aufnimmt, nimmt den auf, der mich gesandt hat» (Mt 10,40). Oder: «Wer euch hört, hört mich; und wer euch verachtet, verachtet mich. Wer aber mich verachtet, verachtet den, der mich gesandt hat» (Lk 10,16). Auch im Johannesevangelium heißt es: «Amen, amen, ich sage euch: Wer einen aufnimmt, den ich sende, nimmt mich auf, und wer mich aufnimmt, nimmt den auf, der mich gesandt hat» (Joh 13,20).

Das Verständnis der Sendung Jesu geht bei Johannes noch einen Schritt weiter, da ja Jesus hier als der präexistente Sohn Gottes verstanden wird, der in der Einheit mit dem Vater aus der himmlischen in die irdische Welt gekommen ist. Jesus repräsentiert danach auch «in Person» den, der ihn gesandt hat. Deshalb kann es auch heißen: «... wer mich sieht, sieht den, der mich gesandt hat» (Joh 12,45). Im Hintergrund steht die Vorstellung: «Ich und der Vater sind eins» (Joh 10,30). Das ist hier Ausdruck für die unauflösbare Zusammengehörigkeit von Gott und Jesus. Nirgendwo wird angedeutet, dass Jesus von Gott als «wesensgleich» oder als mit ihm identisch angesehen wird. Es müsste sonst ja auch heißen: «Ich und der Vater sind einer.» Gott offenbart sich nach Johannes wohl in Jesus; aber diese Person Jesus sieht er von Gott, dem Vater, als klar unterschieden. Nur deshalb kann gesagt werden: «Ich spreche von dem, was ich beim Vater gesehen habe» (Joh 8,38).

So bildet bei Johannes die Sendung Jesu den Kern der Botschaft, und zwar in der Weise, dass der Botschafter selbst zur Botschaft wird. Der jüdische Philosoph PHILON hat den Logos als einen zweiten Gott verstanden. Das hat der Jesus des Johannesevangeliums für seine Person nie getan. Er hat sich stets als der von Gott Gesandte gesehen. Im Evangelium wird das aber nicht mehr reflektiert. Die johanneische Vorstellung von einem präexistenten Gottessohn, der in dieser Welt als von Gott Gesandter in Menschengestalt erscheint, enthält freilich Fragen, die danach drängen, gestellt, gedacht und beantwortet zu werden. Das wird unter anderen historischen Verhältnissen auch geschehen.

Die Vorstellungen, die in den neutestamentlichen Schriften mit der Metapher vom Sohn Gottes verbunden worden sind, erweisen sich als extrem unterschiedlich. Sie alle aber sind von einem streng monotheistischen Gottesverständnis her gedacht und bringen auf je ihre Weise zum Ausdruck, dass Jesus von Gottes Geist erfüllt ist und Gott vollmächtig verkündigt, ja repräsentiert. Es gibt aber noch keinen verbindlichen Versuch, die verschiedenartigen Aussagen, Metaphern, Bilder und Symbole in einem System zu harmonisieren. Die unterschiedlichen Jesusverständnisse stehen nebeneinander wie die «Variationen derselben Melodie» (Isermann 00, 58).

Der Sendungsauftrag bleibt nicht auf die Person Jesus beschränkt. Er wird in allen Evangelien an die Jünger weitergegeben: «Geht hin in alle Welt und verkündigt das Evangelium aller Kreatur» (Mk 16,15). «Geht nun hin und macht alle Völker zu Jüngern ...» (Mt 28,19) «und in seinem Namen wird allen Völkern Umkehr verkündigt werden» (Lk 24,47). «Wie mich der Vater gesandt hat, so sende ich euch» (Joh 20,21). Dieser Sendungsauftrag wird nirgendwo in die freie Verfügung der Jünger gegeben, sondern stets durch die Sendung des Sohnes begründet und auf diese zurückbezogen: «… damit die Welt erkennt, dass du mich gesandt … hast» (Joh 17,23).

Zwischenbemerkungen zum neutestamentlichen Kanon

Der neutestamentliche Kanon, die maßgebliche Sammlung der anerkannten heiligen Schriften, ist während Jahrhunderten gewachsen. Theißen (02, 114ff) setzt drei Phasen der Entstehung voneinander ab. Es begann mit mündlichen Überlieferungen und mit den Gelegenheitsschriften des Apostels Paulus. Diese wurden ausgetauscht und führten zu einer «mündlichen Kommunikationsgemeinschaft». Mit den Evangelien, die in der Zeit zwischen 70 und 120 verfasst wurden, bildete sich innerhalb der Gemeinden eine «geschlossene Literaturgemeinschaft» heraus, bei der aber der mündliche Austausch weiterhin lebendig blieb. Im 2. Jahrhundert entwickelte sich das Urchristentum hin zu einer «sich öffnenden Literaturgemeinschaft» in doppelter Hinsicht. Man übernahm literarische Formeln und auch heidnische Motive aus der zeitgenössischen Literatur und man wendete sich bewusst an nicht-christliche Leser, um sie für den christlichen Glauben zu gewinnen oder um den Glauben gegen Angriffe zu verteidigen (Apologeten). Dies führte zu einer «nach außen hin kommunizierenden Literaturgemeinschaft». Da geistige Einflüsse aus religiösen und philosophischen Strömungen der Zeit sich mit dem christlichen Gedanken zu vermischen begannen, stellte sich die Frage nach dem authentischen Kern der christlichen Literatur. Zum Hauptkriterium wurde der apostolische Ursprung einer Schrift.

Da sich der Schwerpunkt der christlichen Gemeinden aus den Kernländern Palästina und Syrien infolge der paulinischen Mission zunehmend nach Kleinasien und Rom verlagerte, wurden in den Kanon, den engsten Kreis der authentischen Schriften, jene Texte aufgenommen, auf die sich die Gemeinden in Kleinasien und Rom einigen konnten. Einigkeit wurde bereits in der Zeit zwischen 140 und 180 über die vier Evangelien erzielt. Da die Gemeinden bestrebt waren, so nahe wie nur möglich an der Verkündigung Jesu und der ersten Zeugen zu bleiben, einigte man sich noch im 2. Jahrhundert auf etwa 20 kanonische Texte. Das war insofern erstaunlich und eine große geistige Gemeinschaftsleistung, als es in dieser Zeit noch keine Bischöfe mit Primatsrechten und auch noch keine organisierten überregionalen Synoden gab. Lange umstritten blieben allerdings einige Briefe, wie z.B. der Hebräerbrief, die Offenbarung des Johannes und der zweite Petrusbrief. Der neutestamentliche Kanon in seinem heutigen Umfang ist erstmals im Jahr 367 belegt. Wie die Kanonbildung zeigt, gab es in der frühen Kirche von Beginn an ein ständiges Ringen um die zentralen Inhalte des christlichen Glaubens. Das blieb auch so, nachdem die Kanonbildung abgeschlossen war. Aber bereits auf dem Weg zum Kanon entstand ein sehr klares Bewusstsein für den Kern des christlichen Glaubens und für Kriterien, an denen sich feststellen ließ, was christlichem Glauben entsprach und was ihn gefährdete. Die Kanonbildung war deshalb so wichtig, weil zunehmend andere Themen in den Vordergrund traten, die nur geklärt werden konnten, wenn ein Konsens darüber bestand, was als normative Grundlage für alle zu gelten hatte.

Die Herausforderung durch das hellenistische Gottesverständnis

Die Basis des christlichen Glaubens ist der Monotheismus

Unbestrittene Grundlage des christlichen Glaubens ist ein strenger Monotheismus. Das ergibt sich schon aus dem Gottesverständnis Jesu, das im jüdischen Monotheismus fest verankert ist. Der Monotheismus stand in der Geschichte des Christentums zu keiner Zeit in Frage. In den ersten Jahrhunderten war dieser Monotheismus in einer Welt der vielen Götter (Polytheismus) sogar ein herausragendes Kennzeichen des christlichen Glaubens.

Die Abgrenzung zur Monolatrie

Es gab im Römischen Reich eine Reihe von Kulten und Religionen, die ebenfalls nur einen Gott verehrten (Monolatrie), ohne dass sie die Existenz anderer Götter bezweifelten oder ausschlossen. Dazu gehörten die vielen Mysterienreligionen, die aus griechischen und orientalischen Vegetationskulten hervorgegangen waren. Der Kult des Mithras war einer dieser Kulte, der für die junge Christenheit eine ernsthafte Konkurrenz darstellte. Der Monotheismus bildete aber stets die klare Grenzlinie.

Das Gottesverständnis Platons

Das Christentum sah sich aber auch jenen Gottesverständnissen gegenüber, die aus der antiken griechischen Philosophie hervorgegangen waren und in Gestalt unterschiedlicher religiöser und philosophischer Strömungen auf dem religiösen Markt angeboten wurden. Es war vor allem die Gottesvorstellung des griechischen Philosophen PLATON (427–347 v. Chr.), die in den ersten nachchristlichen Jahrhunderten sich in vielgestaltigen Varianten dem religiös Suchenden empfahlen.

Der Grundgedanke von PLATONS Gottesvorstellung liegt in seinem Verständnis der Idee. Die Ideen sind für ihn das eigentlich Seiende in der Welt. Sie sind die den Einzeldingen zugrunde liegenden unveränderlichen und ewigen Muster und Urbilder und deren objektive Realität. Menschliches Denken und Erkennen befasst sich mit eben diesen absoluten und unveränderlichen Ideen. Die höchste Idee ist die des Guten. Sie fällt für PLATON mit der Gottheit zusammen, die somit auch zeitlos, unräumlich, unkörperlich, keinem Wandel unterworfen und jenseits allen Seins auch jeglicher sinnlichen Wahrnehmung entzogen ist. Die materiellen Dinge dieser Welt sind nur Abbilder der urbildlichen Ideen. Sie sind, gemessen am wahren Sein der Idee, das Nicht-Seiende, in welchem Sein und Realität nur als Abbilder vorhanden sind. Ein Gott, der als das absolute Gute jenseits allen Seins steht, entlässt zwar alle Ideen aus sich, so dass sie zu Einzeldingen werden und in Einzeldingen aufscheinen können. Er selbst aber bleibt von seinem Wesen her allem Seienden gegenüber jenseitig und er geht auch in keinerlei Form sinnlicher Wahrnehmung ein. Er ist also ohne Kontakt zu Mensch und Welt und kann von seinem Wesen her auch nicht darein verwickelt werden. Das Hauptproblem eines von PLATON geprägten Gottesverständnisses bestand darin, wie dieser ferne und allem Sein entrückte Gott mit dieser Welt der Dinge und des Werdens in Verbindung zu bringen war. Dazu gab es eine Vielzahl von Lösungsangeboten.

Auseinandersetzung mit Varianten eines ferngerückten Gottes

Das platonische Gottesverständnis prägte in vielen Brechungen die religiöse Welt im Römischen Reich, in die die christliche Verkündigung hineingetragen wurde und in der der christliche Glaube seine Identität bewahren musste. Das konnte er nur, indem er auch gedanklich klar zum Ausdruck brachte, wie die Nähe und Ferne Gottes zum Menschen und zur Welt zu verstehen ist. Dieses Problem musste auch im Blick auf die Frage nach dem Verhältnis von Jesus, dem Sohn, zu Gott, dem Vater, gelöst werden.

Dem Einfluss hellenistischen Gedankengutes konnte sich niemand entziehen. Selbst die jüdischen Gebildeten, die in der Diaspora lebten, nahmen hellenistische Gedanken in ihr Gottesverständnis auf. Nach alttestamentlich-jüdischem Verständnis war Gott der Schöpfer. Er blieb über den Schöpfungsakt hinaus mit seiner Schöpfung und mit den Geschöpfen verbunden. In dem Maße aber, in dem Jahwe unter hellenistischem Einfluss die Verbindung zur Welt verlor, musste eine Mittlergestalt diesen Kontakt gewährleisten. In diese Funktion rückte im hellenistischen Judentum eine Größe, die in den Kulturen des Orients seit langem eine große Rolle spielte und meistens mit dem nicht besonders passenden Begriff «Weisheit» übersetzt wird. Diese Weisheit, die so etwas wie die Ordnung der Schöpfung umschreibt, wurde schon bald vergegenständlicht und zu einer selbstständigen himmlischen Person göttlichen Ranges neben Gott umgebildet. Sie blieb zwar Geschöpf, übernahm aber die Rolle des Demiurgen (Weltschöpfers) und wurde auch zur handelnden göttlichen Person in der Heilsgeschichte Gottes mit Israel und mit den Menschen.

Sobald Israels Gott in eine transzendente Ferne rückte, gewannen die *Engel* als Vermittler zur Welt eine wichtige Funktion, besonders Michael und Gabriel, die auch «Söhne Gottes» genannt wurden. Man stellte sie sich nicht nur sitzend zur Rechten und zur Linken Gottes vor; als des Schöpfers beide Hände handelten sie auch in dessen Auftrag nach außen hin am Schöpfungswerk.

Eine besondere Rolle sollte der Begriff «Logos» spielen. Der griechische Philosoph HERAKLIT (544–483 v. Chr.) hat als erster den Logos als das Prinzip allen Seins eingeführt, und zwar im Sinne einer unveränderlichen Gesetzmäßigkeit und Weltvernunft, nach der sich alles Werden und aller Wandel in der Welt vollzieht. Es ist der Entwurf einer Welterklärung aus einem einzigen abstrakten Prinzip, wofür sich die Bezeichnung «Monismus» eingebürgert hat. Im Unterschied zum Monotheismus (dem Glauben an einen alleinigen und personalen Gott) sieht der Monismus den Urgrund der Welt nicht in einer transzendenten Gottheit, sondern in einem einheitlichen Prinzip, sei es Geist oder Weltseele oder Energie oder Materie u.a.m. Dieses Prinzip konnte auch mit Gott oder mit dem Göttlichen gleichgesetzt werden.

In den ersten Jahrhunderten nach Christus bot die philosophische Schule der Stoa (so genannt nach der Halle, in der sie lehrte) eine für intellektuelle Gottsucher interessante Welterklärung an. Sie lehrte, dass der Logos als ein immanentes Prinzip und als eine Art samenhafter Weltvernunft die kosmische Ordnung der Welt hervorbringt und gestaltet. Dieser Weltlogos als eine Art Weltgesetz der Vernunft konnte auch als göttliche Urkraft, als Gottheit bezeichnet und mit dem Blick auf die Volksfrömmigkeit sogar mit Zeus, einer konkreten Göttergestalt, identifiziert werden.

Die Logos-Spekulationen sind auch früh in die Welt des Judentums eingedrungen. PHILON von Alexandrien nahm den hellenistischen Logos-Begriff auf, um zu erklären, wie Gott in sich selbst ist und wie er sich zur Welt verhält. Für ihn gehört der Logos zum Göttlichen, ohne dass er mit Gott identisch wäre. PHILON sieht den Logos als einen «zweiten Gott» in personaler Gestalt oder als den «ersten Sohn Gottes». Der Logos ist Gott, sofern er sich mit der Schöpfung befasst. Insofern ist er ein Verbindungsglied und eine Mittlergestalt zwischen dem in die ferne Transzendenz gerückten Gott und der Welt.

Ein wieder anderes Gottesverständnis vertrat eine breite philosophisch-religiöse Strömung, die wir heute *Gnosis* nennen, weil sie Erlösung durch Erkenntnis (griechisch: *gnosis*) versprach. Diese Strömung entstand bereits Jahrhunderte vor Christus, entfaltete ihre Breitenwirkung aber erst in den drei Jahrhunderten nach Christus. Die gnostische Gedankenwelt war deshalb so erfolgreich, weil sie die Tendenz und die Fähigkeit besaß, andere religiöse Konzepte mit ihren Gedanken zu durchdringen und in ihrem Sinn umzubilden. Für das Gottesverständnis der jungen Christenheit stellte sie eine doppelte Gefahr dar: Zum einen verstand die Gnosis Gott als einen in der Transzendenz existierenden Gott, der das Prinzip des Geistes und des Guten darstellt, aber mit der Welt nichts zu tun hat. Die Schöpfung ist das Werk nicht des obersten guten Gottes, sondern des Demiurgen. Dieser ist eine Art von göttlichem Gegenspieler, nämlich das Prinzip der Materie und des Bösen. Die Gnosis spaltete also den einen und alleinigen Gott in zwei Prinzipien und löste so den Monotheismus in einen Dualismus auf. Kampfplatz der gegensätzlichen Prinzipien ist der Mensch.

Der Mensch ist nach gnostischem Verständnis in seinem Kern zwar von göttlicher Art; er ist aber durch unglückliche Umstände aus der göttlichen Welt des Lichts in die Welt der Finsternis und des Bösen geraten und sitzt jetzt in der Materie gefangen, wo er von den dämonischen Mächten so betäubt wird, dass er sich seines Wesenskerns, nämlich des göttlichen Funkens in sich, nicht mehr bewusst ist. Mit dem Erlösungsangebot der Gnosis taucht die zweite Gefahr für den christlichen Glauben auf: Nach dem gnostischen Mythos steigt nämlich ein Erlöser aus dem obersten Himmel auf die Erde herab. Er nimmt auf der Erde einen menschlichen Scheinleib an, um von den dämonischen Mächten nicht erkannt zu werden, und er erinnert die in der Welt verstreuten göttlichen Lichtfunken an ihre himmlische Herkunft und Heimat. Nachdem er den Menschen noch mitgeteilt hat, wie sie aus dem Gefängnis ihres irdischen Daseins wieder in ihre himmlische Heimat gelangen können, legt er seinen Scheinleib ab und zieht sich wieder in die himmlischen Sphären zurück. In diesem Sinn hat die Gnosis das Kommen Jesu interpretiert. Sie hat Jesus zu einem menschlichen Scheinwesen umgebildet und seine Verkündigung zu einem für die Erlösung nötigen Geheimwissen gemacht. Gnostisches Gedankengut hat in vielen christlichen Gemeinden Anhänger gefunden. Die Gnosis ist sogar durch MANI (216–277), der sich als die letzte Verkörperung des großen Propheten verstand, unter dem Namen *Manichäismus* zu einer Weltreligion geworden, die sich über Ägypten, Syrien und über den Osten des Römischen Reichs bis nach Zentralasien und China verbreitete, wo sie bis ins 16. Jahrhundert bestand.

Zwischenbemerkung zum Hellenismus

Sobald der christliche Glaube den Kulturbereich des palästinensischen Judentums verließ, befand er sich in der Welt des Hellenismus und musste sich in diesem Umfeld artikulieren und behaupten. Ein Blick auf die kulturellen Gegebenheiten der hellenistischen Zeit soll verdeutlichen, von welcher Art die Herausforderungen waren, die das Christentum hier zu bewältigen hatte.

Die Bezeichnung «Hellenismus» wurde eingeführt, um die kulturelle Epoche zu kennzeichnen, die sich seit der Eroberung Vorderasiens durch ALEXANDER d. Gr. (336–323 v. Chr.) bis zu AUGUSTUS (31 v. Chr. bis 14 n. Chr.) herausbildete. Die Wurzeln für die kulturellen Prozesse jener Epoche sind älter und die Wirkungen des entstandenen neuen kulturellen Charakters haben auch noch die Jahrhunderte nach Augustus geprägt.

Im Riesenreich des ALEXANDER, das von Makedonien bis zum Golf von Oman reichte und in der Ost-West-Achse nahezu 5000 km maß, entwickelte sich dank neuer Verkehrswege und einer einheitlichen Währung ein blühender Handel. Die verbindende Umgangssprache wurde ein griechischer Dialekt, den man Koiné (die gemeinsame

Sprache) nennt. Aus diesen Voraussetzungen entwickelte sich eine bis dahin unbekannte Mobilität der Menschen, zuerst für Seeleute, Söldner, Soldaten, Beamte, Handwerker, Kaufleute und später für Reisende aller Art. Die Mobilität führte auch zu einem lebhaften Austausch von Wissen und von religiösen und philosophischen Ideen und Lebenskonzepten.

Um 200 v. Chr. beerbten die Römer die Griechen im Mittelmeerraum und dehnten ihr Reich (das sechs Jahrhunderte währen sollte) bis nach Spanien und Britannien aus. Die Römer waren nicht nur für die griechische Verkehrssprache und Kultur sehr offen; sie bauten ihrerseits Straßen und Schifffahrtswege weiter aus, sie schufen mit einem einheitlichen Recht auch eine geordnete Verwaltung. Das wiederum intensivierte die Mobilität und den Austausch auf allen Ebenen und ließ um das Mittelmeer eine griechisch-römische Einheitskultur entstehen: die hellenistische Kultur.

Zwischenbemerkung zur Religion in hellenistischer Zeit

Die Vielfalt der kulturellen Eigenheiten und Traditionen wurde im Römischen Reich nicht ausgelöscht. Die Religionen und Kulte lösten sich aber aus ihren örtlichen Verankerungen und traten ihren Weg auf den großen Markt der Religionen und Kulte an. Dieser Markt war sehr gefragt, denn die Umbrüche der Zeit und das Leben, das viele Menschen in der Fremde und unter unbekannten Göttern führen mussten, hatte diese Menschen religiös entwurzelt und heimatlos gemacht. Bisher Gültiges wurde allenthalben in Frage gestellt. Unsicherheit und Resignation griffen um sich. Menschen aller Schichten fragten und suchten unter den in Fluss geratenen Lebensbedingungen nach persönlichem Halt und nach individuellem Lebenssinn. Die alten Götter und Kulte schienen ihre Anhänger nicht mehr zu tragen. Man musste sich selbst umsehen. Das Angebot war groß.

Die Götter und Göttinnen, die bisher getrennt und lokal gebunden verehrt wurden, traten samt ihren Kulten in einen offenen Austausch miteinander. Religionen haben zu allen Zeiten symbolische Elemente, Kultformen und Deutungsmuster voneinander übernommen und in das eigene Deutungs- und Symbolsystem integriert. Für den Austausch religiöser Elemente in der Zeit des Hellenismus ist freilich die Vorstellung charakteristisch, dass die Gottheiten der anderen Kulturen und Kulte im Grunde die gleichen seien wie die eigenen, dass sie eben nur unter einem anderen Namen angerufen würden, andere Gestalt hätten und in anderer Weise verehrt würden. Wir sprechen z.B. von einer «Interpretatio Romana» (römische Deutung), wenn Römer die griechische Artemis, jungfräuliche Göttin der Jagd und der Fruchtbarkeit, mit ihrer römischen Diana gleichsetzten oder den germanischen Wotan als ihren römischen Mercurius verstanden. Diese Gleichsetzung und Austauschbarkeit der Götter wurde in umgekehrter Richtung in gleicher Weise auch von den Griechen, den Kleinasiaten und Ägyptern und anderen unterworfenen Völkern praktiziert und war dann eben eine «Interpretatio Graeca» u.s.w. Selbst die abstrakten Gottesvorstellungen der Philosophen konnten über die Gestalt des Logos mit konkreten Gottheiten wie Zeus u.a. identifiziert werden.

Für die Vermischung, Verschmelzung und Gleichsetzung von unterschiedlichen Göttern und religiösen Systemen im

42

Zeitalter des Hellenismus hat sich die Bezeichnung *Synkretismus* durchgesetzt. (Das Wort bezeichnete ursprünglich den Zusammenschluss sonst verfeindeter Gemeinwesen der Kreter, wenn es darum ging, einen gemeinsamen Feind abzuwehren.) Man konnte jetzt die Götter und Kulte wechseln, ohne die eigene Gottesvorstellung zu verändern. Im Blick auf das Gottesverständnis entspricht der hellenistische Synkretismus der auch heute verbreiteten Einstellung: Wir haben doch alle den gleichen Gott.

Die Identifikation der Götter konnte so weit gehen, dass aus mehreren Gottheiten ein neuer Kult entstand und sich über den gesamten hellenistischen Kulturraum ausbreitete. So z.B. der Serapis-Kult. Bereits der Name Serapis dokumentiert den Synkretismus, denn der Kunstname «Serapis» ist zusammengesetzt aus den Namen des ägyptischen Totengottes Osiris und des Fruchtbarkeitsgottes Apis bzw. der Muttergöttin Isis. In hellenistischer Zeit wurden nahezu alle griechischen Göttinnen mit Isis gleichgesetzt. Serapis stieg in dieser Kombination höchster Götter der Mittelmeerwelt zum Universalgott auf. Im griechisch-römischen Bereich galt er als Erlöser, Retter und Heilsgott (*Sotér*) und wurde auch mit Helios und Zeus gleichgesetzt.

Das Christentum in der hellenistischen Welt

Das Gesetz von Austausch und Abgrenzung

Wo immer Religionen aufeinandertreffen, da passiert zweierlei nebeneinander: Sie tauschen kulturelle und religiöse Vorstellungen und Praktiken miteinander aus und sie grenzen sich voneinander ab. Beides ist notwendig. Wer einem

Fremden die Inhalte der eigenen Religion verständlich machen will, der muss das in Vorstellungsformen tun, die dem Adressaten aus seiner Religion und Kultur vertraut sind. Davon war bereits im Zusammenhang mit der Übernahme von Sohn-Gottes-Vorstellungen in den Vorgeschichten der Evangelien von Matthäus und Lukas, im Christuslied Phil 2 und im Johannesevangelium die Rede. Bei dem Kontakt zwischen Religionen können die Partner auf Elemente stoßen, die in das eigene Symbolsystem integrierbar sind oder darin sogar eine Lücke füllen. Das Entstehen der Marienverehrung aus den Impulsen der heidnischen Kulte der Muttergottheiten ist dafür ein Beispiel. Umgekehrt muss eine Religion aber darauf achten, ihr eigenes Profil zu bewahren. Sie muss sich daher von bestimmten Elementen der anderen Religionen distanzieren, um in diesen Religionen nicht selbst aufzugehen.

Das Christentum nimmt hellenistische Vorstellungen auf

Sobald das Christentum den jüdisch-palästinensischen Kulturraum verließ, kam es auch sprachlich aus der Welt des Aramäischen und Hebräischen in den Sprachkosmos des Griechischen, wo Mensch, Welt und Gott anders erfasst und artikuliert werden als im Aramäischen, der Sprache Jesu. Wirklichkeit kommt uns über Sprache zu Bewusstsein. Sie wird so wahrgenommen, wie sie uns durch die jeweilige Muttersprache erschlossen wird. Der naive Sprecher unterscheidet nicht zwischen dem Weltbewusstsein, das er durch seine Sprache hat, und der Realität, auf die sich sprachliche Äußerungen beziehen, die sie aber selbst nicht sind. Anders gesagt: Mit unseren Worten und Sätzen bezeichnen wir nicht die Dinge und Prozesse selbst, sondern wir sprechen von unseren Vorstellungen, die wir über die Dinge und Prozesse aufgebaut haben. Der naive Sprecher, der diese Unterscheidung nicht macht, lebt in der Gewissheit, dass er mit seinen Worten und Sätzen die Wirklichkeit, so wie sie objektiv ist, erfasst hat.

Die Sprache der Religion ist die Sprache der Symbole. Im Symbol drückt sich das Wissen aus, dass wir den «religiösen Gegenstand», den wir mit dem Symbol benennen, nicht gegenständlich zu unserer Verfügung haben. Wir können mit dem Symbol, dessen weltlich-gegenständliche Seite nur einen Teil des Symbols ausmacht, auf eine nicht-weltliche und nicht-gegenständliche Wirklichkeit lediglich verweisen. Wir können aber mit der Sprache des Symbols in diese nicht-weltliche Wirklichkeit nicht eindringen oder gar in ihr nach den Gesetzen unserer weltlichen Sprachlogik operieren. Die Symbolsprache kann uns also keine Kenntnis des Jenseitigen vermitteln; sie verweist uns mit weltlichen Bildern auf Nicht-Weltliches und baut für dieses Nicht-Weltliche weltliche Modelle auf.

In der Antike und im religiösen Denken der Antike war man sich dieser Grenze noch nicht bewusst. Der Logik der jeweiligen Sprache wurde eine Art objektiver Vernunft unterstellt, die als göttliche Vernunft unseren ganzen Kosmos durchwaltet und somit auch Wirklichkeit gültig darstellt. Mit diesem Sprachverständnis konnten Elemente anderer religiöser und sprachlicher Systeme problemlos in die eigene Religion auf unterschiedliche Weise integriert werden. Dabei konnte das entliehene Motiv das Konzept der eigenen Religion verformen und verändern, wie das z.B. geschah, als das Motiv der Jungfrauengeburt übernommen wurde. Es war aber auch möglich, dass eine Denkform oder ein Symbol dem Leihgeber enteignet und im Sinne der eigenen Religion benutzt wurde. Das geschah, als man die Bezeichnung «Herr/kyrios» und «Heiland/so-tér» aus der hellenistischen Kultur übernahm und auf Jesus anwendete.

Das Christentum grenzt sich gegen Unvereinbares ab

Alle Religionen und Kulte, die im Schmelztiegel der helle-nistischen Welt ihr Spezifikum und damit ihre Identität nicht wahren konnten, sind untergegangen. Das unaufgeb-bare Spezifikum des christlichen Glaubens war hinsichtlich seines Gottesverhältnisses der aus dem Judentum kommen-de Monotheismus. Dem standen in der hellenistischen Kul-tur eine Vielzahl anderer Gottesverständnisse gegenüber. Indem wir sie in den Blick bringen, verdeutlichen wir die vielschichtige geistige Herausforderung, die der christliche Glaube zu bewältigen hatte, um in einer religiös pluralis-tischen Umwelt bei sich selbst zu bleiben. Das Christentum musste sich gegen eine Reihe von widersprechenden Got-tesverständnissen abgrenzen. Die wichtigsten dieser kon-kurrierenden Gottesverständnisse, die in einzelnen Kulten präsent waren, sollen hier kurz vorgestellt werden. Die Fachbegriffe dafür haben sich erst im Zuge religionswis-senschaftlicher Forschung und philosophischer Reflexion herausgebildet; sie sind für die klare und schnelle Verstän-digung hilfreich.

Polytheismus liegt vor, wo mehrere unsterbliche und menschengestaltige Götter, die mit übermenschlichen Kräf-ten ausgestattet sind, gleichzeitig anerkannt und verehrt werden. Die verschiedenen Gottheiten stehen in einem hier-archischen Verhältnis zueinander; sie haben fest umschrie-bene Charaktere und sind für unterschiedliche Bereiche des

Lebens und der Welt zuständig. Oft steht ein oberster Himmelsherr und/oder eine mütterliche Gottheit an der Spitze eines Pantheons (Gesamtheit der Götter). Das polytheistische Gottesverständnis herrschte in den Religionen und Kulten der hellenistischen Zeit vor.

Plurales Gottesverständnis bedeutet: Es gibt viele Götter. Jedes Volk hat seine Götter oder seinen Gott. Die Götter der anderen werden zwar nicht verehrt, sie werden aber anerkannt und in ihrem Bereich respektiert. Der Synkretismus in hellenistischer Zeit hat Züge eines pluralen Gottesverständnisses.

Dualismus liegt vor, wenn zwei Prinzipien oder metaphysische Mächte angenommen werden, die das Geschick von Welt und Mensch bestimmen. In der hellenistischen Kultur sind das streng gegensätzliche Prinzipien wie Gott/Welt, Geist/Materie, gut/böse, Licht/Finsternis, die von der Gnosis und vom Manichäismus vertreten werden.

Mit *Dynamismus* werden die Vorstellung und der Glaube bezeichnet, dass sich in den Dingen und Prozessen unserer Welt übermenschliche Kräfte und Mächte manifestieren, die personhaft oder unpersönlich gedacht werden können. Dynamistisches Denken liegt vielen Formen des Volksglaubens zugrunde. In hellenistischer Zeit zeigt sich der Dynamismus in Form von Magie und Zauberpraktiken und im Gebrauch von Amuletten, Talismanen und Fetischen.

Im *Pantheismus,* der All-Gott-Lehre, wird ein persönlicher und transzendenter Gott ausgeschlossen. Gott und Welt gehen vielmehr ineinander auf. Pantheistische Tendenzen begegnen uns in der Gnosis und im Neuplatonismus.

Der *Panentheismus* lehrt, dass das All in Gott zwar enthalten, aber mit Gott nicht in eins zu setzen ist. Der Gedanke eines personalen Gottes und einer Schöpfung ist hier – wie beim Pantheismus – ausgeschlossen.

Der *Henotheismus* (Ein-Gott-Glaube) ist eine Form der Gottesverehrung, die polytheistisches Denken voraussetzt. Der Beter wendet sich im Akt der Verehrung ausschließlich an einen einzigen Gott, ohne die Existenz oder die Verehrung anderer Götter in Frage zu stellen. Der Henotheismus kann Grundentscheidung einer ganzen Gemeinschaft sein, wie z.B. der frühe Jahwe-Glaube. Er kann aber auch in der konkreten Situation der Anbetung die Entscheidung eines Einzelnen sein. Mysterienreligionen kann man als henotheistisch verstehen. Die jeweilige Mysteriengottheit ist die einzige Gottheit des jeweiligen Kults. Andere Mysteriengottheiten werden aber nicht ausgeschlossen. Der Einzelne kann daher Mitglied mehrerer Mysterienkulte sein, wendet sich aber im jeweiligen Kult nur der dort verehrten einen Gottheit zu, so als wäre sie die einzige.

Die *Monolatrie* (Ein-Gott-Verehrung) bedeutet hingegen, dass der Gläubige oder die Glaubensgemeinschaft nur eine einzige Gottheit verehrt, aber andere Gottheiten bei anderen Völkern oder Gemeinschaften durchaus gelten lässt.

Der *Monismus* ist ein Gegenmodell zum Dualismus wie auch zum Monotheismus. Er erklärt die Weltwirklichkeit aus nur einem einzigen Prinzip. Im Gegensatz zum Monotheismus kennt der Monismus aber keinen personalen Gott, sondern eben ein Prinzip, das allem Sein zugrunde liegt. Monistisch sind daher auch der Pantheismus und der Panentheismus. Das volkstümliche, dynamistische Denken wird zum Monismus, wo es hinter allen Kräften, die es in der Welt im Spiel sieht, eine einheitliche Kraft vermutet. Auch der Neuplatonismus ist eine Spielart des Monismus.

Der *Atheismus* ist keine neuzeitliche Erscheinung, sondern bereits in Antike und Hellenismus eine mögliche Einstellung zum Göttlichen. Der neuzeitliche Atheismus lehnt vor allem das monotheistische und personale Gottesverständnis des Christentums und darüber hinaus jegliche Existenz eines Göttlichen ab. Er muss aber nicht notwendig auch Unglaube oder Irreligiosität bedeuten. Darauf ist hier nicht näher einzugehen. Der Atheismus der Alten Welt ist von anderer Art. Bereits PLATON (427–347 v. Chr.) spricht von Atheismus und meint damit das Leugnen der jeweiligen Stadtgötter. Den Griechen galt jeder als Atheist, der die Götter des Staats nicht anerkannte und sich am Staatskult nicht beteiligte. Auch im Römischen Reich wurde als Atheist betrachtet und dafür bestraft, wer den Staatskult und den Herrscherkult ablehnte. Der Atheismusvorwurf traf deshalb auch jene Christen, die den Kaiserkult verweigerten, obwohl der strenge Monotheismus für ihren Glauben konstitutiv war. Auf dem Hintergrund des Polytheismus mit seinen vielen Gottwesen konnten auch alle monotheistischen Systeme wie Neuplatonismus und Gnosis, die kein Gottwesen, sondern nur ein göttliches Prinzip kannten, als atheistisch bezeichnet werden.

Selbst *Agnostizismus* ist in der griechischen Antike wie in der hellenistischen Zeit anzutreffen. Der Agnostiker ist der Überzeugung, dass wir Menschen über Götter gar nichts wissen können, denn alle Phänomene, die über die sinnliche Wahrnehmung hinausgehen, sind und bleiben unerkennbar.

Der *Theismus* sagt (gegen den Atheismus), dass Gott existiert; er sagt (gegen Polytheismus und Dualismus), dass Gott ein einziger Gott ist; er sagt (gegen Pantheismus und Panentheismus), dass Gott die Welt geschaffen hat und sich von der Welt unterscheidet.

Der *Deismus* propagiert einen Gott, der als Urgrund des Seins verstanden wird, der aber außerhalb von Welt und Geschichte existiert und auf diese auch nicht einwirkt. In der Antike verstand man darunter einen Deus otiosus (untätigen Gott). Das konnte z.B. ein oberster Gott und Schöpfer in einem polytheistischen System sein, der sich aber von der Welt zurückgezogen hat wie ein Uhrmacher die Uhr sich selbst überlässt, sobald sie läuft.

Die *Astrologie* und die Astralkulte, Gestirnkulte, spielten in der hellenistischen Zeit eine große Rolle. Der ehemals optimistische Glaube an eine kosmische Harmonie war in die Furcht vor unberechenbaren Schicksalsmächten umgeschlagen. Man sah den gestirnten Himmel von geistlichen oder göttlichen Kräften besetzt, die auf Menschen und Geschichte einwirken. Astralkulte, Astrologie und Vulgärastrologie versprachen, aus der Konstellation der Gestirne die Schicksalswege der Menschen zu deuten und vorherzusagen. Der römische Kult des Sol Invictus (unbesiegbare Sonne) wurde sogar römischer Staatskult und war so attraktiv, dass sich ihm die Anhänger der Kulte des Attis, Serapis und Mithras anschließen konnten.

Diese Gottesverständnisse konnten in allen denkbaren Kombinationen auftreten. Sie waren oft nur unbewusst als Tendenzen und nicht als bewusste Vorstellungen gegenwärtig. Der christliche Glaube musste in dieser Welt der vielfältigsten Gottesvorstellungen sein eigenes Gottesverständnis sprachlich so zum Ausdruck bringen, dass es entsprechend seinem eigenen Profil verstanden, aber nicht in fremde und gegensätzliche Gottesvorstellungen vereinnahmt werden konnte. Das erwies sich als besonders schwierig, als es darum ging, das Verhältnis zwischen Gott und Jesus, der als der Sohn Gottes verstanden wurde, begrifflich zu klären.

Klärungsversuche zur Person Jesu

Zur nachbiblischen Ausgangslage

Die Bibel enthält keine Lehre über Christus

Die biblischen Texte stammen nicht von Philosophen, sondern von Menschen, die ihre Erfahrungen mit Jesus ausdrücken. Sie spekulieren nicht über Gott, sondern sie erzählen und bezeugen, was sich durch die Christusbotschaft in ihrem Leben ereignet und verändert hat. Spekulationen über Gott und das Göttliche werden in diesen Texten daher weder zu erwarten noch zu finden sein. Wir finden aber eine Vielzahl von Ansätzen und Versuchen, für jene Lebenswirklichkeit Worte zu finden, in denen Menschen Gottes Gegenwart erfahren. Eine eigene Gotteslehre ist aber im Neuen Testament nirgendwo ausgebildet worden.

Die neutestamentlichen Texte sprechen ohnehin nicht über Gott an sich. Menschen bezeugen den Gott, der sich ihnen durch Jesus von Nazaret offenbar gemacht hat. Auch dies geschieht auf unterschiedliche Weise. Eine explizite «Lehre» über die Person Jesu (Christologie) ist in den biblischen Texten nicht in Sicht. Erst recht finden wir keine Reflexionen darüber, wie sich die Person Jesu zu Gott verhält. Uns begegnet nur die einhellige Gewissheit, dass Jesus von Gott gesandt ist. Über das «Wie» gibt es unterschiedliche Vorstellungen.

Das gleiche Bild begegnet uns in nachbiblischer Zeit bis tief in das zweite Jahrhundert. Die Schriften, die aus dieser Zeit erhalten sind (man nennt sie die «apostolischen Väter»), beschäftigen sich mit ganz praktischen Fragen in den Gemeinden. Die Gemeinden waren um die Mitte des zweiten Jahrhunderts gerade dabei, sich auf eine Sammlung von Schriften (Kanon) als eine verbindliche Richtschnur ihres Glaubens zu einigen. Sie hatten die heiligen Schriften der Juden auch als ihre heiligen Schriften übernommen und das Christusgeschehen von dorther gedeutet. Christus wird in dieser Sicht zum neuen Gesetzgeber, der die Schriften des Alten Bundes und dessen Gesetz vollendet.

Die Bibel enthält keine Trinitätslehre

Alle Versuche, die Trinitätslehre aus den biblischen Texten herzuleiten, sind zum Scheitern verurteilt, weil es dort noch nicht einmal Spuren für eine solche Lehre gibt. Der Hinweis auf *Göttertriaden* (Dreiheiten) in Ägypten, Babylonien und in der römischen Religion (Jupiter, Mars, Quirinius) trägt nicht, denn der jüdische Monotheismus, der auch das Gottesverständnis Jesu war, schließt derlei Erwägungen aus.

Im Neuen Testament finden wir zwar einige *triadische Formeln* wie z.B. Glaube, Hoffnung und Liebe (1Kor 13,3), aber nichts, was auf Trinitätsvorstellungen hinweist. Selbst die in diesem Zusammenhang immer wieder strapazierte Taufformel des Matthäusevangeliums enthält keinerlei Erwägungen zu einer Trinität. In der Aufforderung: «Tauft sie auf den Namen des Vaters und des Sohnes und des heiligen Geistes» (Mt 28,19) sind wohl Gott, Christus und Geist nebeneinandergestellt, aber in keiner Weise in ihrem Verhältnis zueinander reflektiert. Das gleiche gilt für die Segensformel «Die Gnade des Herrn Jesus Christus und die Liebe Gottes und die Gemeinschaft des heiligen Geistes sei mit euch allen» (2Kor 13,13). Mit «Gott» ist der eine und einzige Gott gemeint. «Jesus Christus» bezieht sich auf den, der vom Vater gesandt ist und Gottes Wesen offenbar macht. «Heiliger Geist» steht für die Kraft, die als die helfende Gegenwart Gottes erfahren wird. An eine personale Größe ist dabei nicht gedacht.

Wenn im Neuen Testament sonst von Taufe gesprochen wird, ist stets von der Taufe «auf den Namen Jesu Christi» die Rede. Im jüdisch-palästinensischen Raum wird damit die Besonderheit der christlichen Taufe zureichend gekennzeichnet. Der Taufbefehl in Matthäus 28 richtet sich aber auf die Taufe von nichtjüdischen Menschen. Hier war noch anderes zu klären. Nichtjuden, die Christen werden wollten, mussten ihr polytheistisches Denken ablegen und sich zu dem einzigen Gott bekennen. Mit dem einzigen Gott war nicht irgendeine Gottheit oder ein göttliches Prinzip gemeint, sondern der Gott, der sich durch Jesus offenbar gemacht hat. Insofern war das Bekenntnis zu dem einen Gott auch ein Bekenntnis zu Jesus als dem Gesandten Gottes. Und schließlich mussten sich die Taufwilligen auch dazu bereitfinden, ihre alten Verhaltensweisen aufzugeben und den Geist der göttlichen Liebe in ihrem Leben wirken zu lassen. Mit dieser Taufformel wurde gleichsam der Raum umschrieben, den der Täufling verlässt und der Raum, in den er nun mit seinem ganzen Leben eintritt. Das Bekenntnis zu einer Gottesvorstellung, in der drei Personen in einer göttlichen Einheit zusammengedacht sind, ist in der Tauformel von Mt 28 weder enthalten noch im Blick. Das Ergebnis interkonfessioneller bibelwissenschaftlicher Forschung lässt sich in dem Satz zusammenfassen: «Nüchtern ist ... zu sehen, dass sich in der Schrift keine Trinitätslehre findet.» (Häring/Kuschel, 1280) Oder noch deutlicher: «Die Predigt Jesu und das ihm nahestehende palästinensische Christentum bieten keine Anknüpfungspunkte für eine Trinitätslehre.» (Ohlig, 28)

Die Trinitätslehre wird in den biblischen Texten auch nicht mittels der Theorie auffindbar, nach der diese Lehre in der Schrift «in nuce» (in ihrem Kern oder keimhaft) bereits angelegt ist, sich der Erkenntnis der Kirche mithilfe des Heiligen Geists aber erst später erschlossen hat. Hier wird das, was erst bewiesen werden soll, als gegeben bereits vorausgesetzt. Mit dieser Art von Zirkelschluss lässt sich alles in die neutestamentlichen Texte hineindeuten, was man in ihnen finden möchte.

Ebenso unbrauchbar ist die Vorstellung, wonach es so etwas wie eine zielgerichtete Zwangsläufigkeit gibt, die notwendig und gottgewollt von den triadischen Formeln oder sonstigen Texten zur Trinitätslehre hinführt. Die Trinitätslehre lässt sich nicht unmittelbar und mit logischer Notwendigkeit aus den neutestamentlichen Ansätzen entwickeln. Es lässt sich hingegen zeigen, welche historischen Umstände und Zufälligkeiten schließlich dazu führten, dass aus biblischen Vorgaben eine Trinitätslehre aufgebaut wurde. Diesen Weg werden wir einschlagen. Wir werden dabei verstehen lernen, was der Aufbau der Trinitätslehre für das Selbstverständnis und für die Darstellung des christlichen Glaubens in der historischen Situation der ersten Jahrhunderte geleistet hat.

Das synkretistische Umfeld nötigt zu Klärungen

Wer sich im Wettbewerb der Sinnangebote befindet, der muss sich Fragen stellen und sich in Frage stellen lassen; er muss aber auch sich und den Fragern Antworten geben. Der Markt der Religionen war nie so groß wie zur Zeit des

Hellenismus, in der das Christentum die Weltbühne betrat. Und er sollte in Europa für fast zwei Jahrtausende nie mehr so groß sein.

Die Christen mussten sich von Hellenisten aller Art fragen lassen: Wer ist eigentlich euer Gott? Wie wisst ihr von ihm? Wer sagt, dass er der einzige Gott ist? Wer Antwort geben wollte, musste sich über sein eigenes Gottesverständnis Rechenschaft geben und sich geistige Klarheit verschaffen. Und die Hellenisten fragten weiter: Wer ist denn euer Jesus? Ihr nennt ihn den Sohn Gottes, den Messias, den Erlöser, einige nennen ihn sogar einen Gott (Joh 20,28). Habt ihr am Ende zwei Götter, wie die Manichäer oder einige Gnostiker sagen? Die philosophisch Gebildeten schüttelten ihre Köpfe: Ihr nennt euren Gott auch den Schöpfer. Wie aber kann der eine unbewegte Beweger jenseits aller Materie der Schöpfer der Welt sein, ohne sein eigenes Wesen aufzugeben? Schließlich hatten die Christen sich auch des Vorwurfs der Gottlosigkeit zu erwehren. Fragen über Fragen und Anwürfe aus unterschiedlichen Richtungen und von unterschiedlichen Positionen her!

Die christlichen Gemeinden waren in doppelter Weise gefordert: Sie mussten zunächst für sich selbst klären, wie sie angesichts der vielen hellenistischen Möglichkeiten ihr eigenes Gottesverständnis angemessen artikulieren konnten; sie mussten sich aber auch darüber verständigen, wie sie ihr Bekenntnis zu Gott und zu Christus ihren hellenistisch geprägten Zeitgenossen verständlich und glaubhaft vermitteln konnten, ohne in deren Denken aufzugehen.

Die Herausforderung durch das hellenistische Gottesverständnis

Als der Gottesglaube Jesu und der palästinensischen Christen sich in der hellenistischen Welt artikulieren musste, trafen religiöse Welten aufeinander. In dem Klärungsprozess, der hier zu leisten war, formte sich die geistig-sprachliche Gestalt des Christentums. Die Position gegenüber den meisten polytheistischen Kulten war recht einfach klarzustellen. Die große geistige Herausforderung lag in der Frage, wie die fundamentalen Unterschiede im Gottesverständnis der jüdischen und der griechischen Kultur miteinander ins Gespräch gebracht und bearbeitet werden konnten.

Im *alttestamentlich-jüdischen Gottesverständnis,* das auch für Jesus galt, ist Gott kein Gegenstand philosophischen Nachdenkens, sondern eine Lebenswirklichkeit in der Erfahrung des Volks und des Einzelnen. Wenn er als der Schöpfer verstanden wird, so heißt das wohl, dass er der Schöpfung als der Schöpfer gegenübersteht und weder Teil dieser Schöpfung ist, noch in ihr aufgeht. Es geht aber nicht um die spekulativen Fragen, welche Art von Sein dieser Gott in seiner Jenseitigkeit hat und von welcher Art seine Beziehung zur Materie ist. Wenn Gott der Schöpfer genannt wird, so steht für den gläubigen Juden die Gewissheit im Vordergrund: Ich verdanke mich samt meiner Welt einzig diesem Schöpfer; mein Heute und mein Morgen liegen ganz in seiner Hand; ich habe als sein Gedanke und als sein Ebenbild mein Leben vor ihm auch zu verantworten. Dieser der Welt jenseitige Schöpfer ist mir und uns allen in seiner Schöpfung ganz nahe. Das Geschick der Welt und eines jeden seiner Geschöpfe führt und begleitet er als gerechter, barmherziger und gütiger Vater durch Zeit und Geschichte. Von Gott zu reden heißt, von dem zu reden, was er an uns tut und wie ich dem verpflichtet bin, was er an mir getan hat, tut und von mir erwartet. Gott ist meine stets aktuelle Lebenswirklichkeit.

Das *griechische Gottesverständnis,* das in Gestalt verschiedener Varianten der Philosophie PLATONS in die hellenistische Kultur eingegangen ist, speist sich nicht aus der gelebten Begegnung mit dem Willen Gottes, sondern gründet in der philosophischen Reflexion über Ursprung und Wesen der Welt. PLATON kommt in seiner Philosophie nicht von einer Begegnung mit Gott her, sondern er geht vom Menschen und vom menschlichen Denken aus. Nach seiner Überzeugung befasst sich das menschliche Denken nicht mit konkreten Dingen, sondern mit Gegenständen, die selbst absolut unveränderlich sind. Die Gegenstände des Denkens versteht er als etwas Ewiges, Unsterbliches, Göttliches. Denken wir z.B. ein Dreieck, so geht es nicht um ein konkretes dreieckiges Ding aus Holz oder Metall oder Stein, sondern um die Idee, die hinter allen konkreten dreieckigen Dingen steht und in diesen nur unterschiedliche Gestalt annimmt. Die Idee ist für PLATON unräumlich, zeitlos, unveränderlich und nur dem Denken zugänglich. Sie ist die ideale, eigentliche und wahre Wirklichkeit. Alles Materielle, d.h. unsere mit Sinnen fassbare Welt, ist nur Abbild der wahren Wirklichkeit. Die Idee ist das Absolute. Sie steht für sich selbst und damit auch jenseits von allem, was konkret ist. Was die Dinge dieser sichtbaren Welt überhaupt sind, das sind sie nur, weil und sofern sie als Abbilder an den zugrunde liegenden Ideen teilhaben. Gemessen am wahren Sein der Ideen ist die Sinnenwelt nur Schein, nämlich erscheinende Idee.

Im Denken PLATONS und seiner Nachfolger wurde die oberste Idee mit Gott und dem Guten gleichgesetzt und als Urgrund allen Seins verstanden. Dieser Urgrund bleibt aber als Urgrund von allem konkreten Sein getrennt und ist als Gegenüber vom Menschen nicht erfahrbar. Nach antikem Verständnis ist Gott nicht Zentrum des Glaubens, sondern ein Gegenstand des Wissens. In diesem Denken wird nicht gefragt, wie Gott an uns handelt, sondern was sein Wesen ist. Die Antwort lautet: Absolute, unpersönliche Transzendenz der zeit- und raumlosen Idee. In diesem philosophischen Gottesverständnis stellte sich vor allem eine Frage: Wie kann dieser transzendente Gott, der ja seinem Wesen nach völlig unweltlich ist, mit der Welt und den Menschen in Verbindung treten?

Die Kernfrage, ja die Überlebensfrage des Christentums bestand im hellenistischen Umfeld darin, wie das jüdisch-konkrete und handlungsbezogene Gottesverständnis mit dem hellenistisch-abstrakten und seinsbezogenen Gottesverständnis zusammengeführt und verbunden werden konnte. Die Notwendigkeit einer Klärung brannte ganz buchstäblich unter den Nägeln, denn die Christen wurden als Atheisten verleumdet und insofern als Feinde des Staates verfolgt. Sie mussten sich in ihrem Gottesverständnis ihren hellenistischen Zeitgenossen verständlich machen.

Schritte zu einer Binitätslehre

Die Christusbotschaft wird in hellenistische Denkformen übersetzt

Die ersten christlichen Texte, die sich an die hellenistische Öffentlichkeit richteten mit dem Ziel, den christlichen Glauben gegen Verleumdungen zu schützen und diesen Glauben werbend vorzustellen, stammen aus der Feder von Christen, die selbst der hellenistischen Welt entstammen. Man nennt diese Schriftsteller des zweiten und dritten Jahrhunderts *Apologeten* (literarische Verteidiger des christlichen Glaubens). Diese Schriftsteller waren mit der damals vorherrschenden philosophischen Strömung, dem «mittleren Platonismus», vertraut. Im Horizont dieses sehr lebenskräftigten Geistesgebäudes suchten sie das Christentum als die einzig zuverlässige wahre Philosophie darzustellen. Bereits damit war eine entscheidende Weiche gestellt: Der christliche Glaube wurde im Sinne eines philosophischen Systems verstanden und in der Begrifflichkeit nachplatonischer Philosophie zum Ausdruck gebracht. Unbeabsichtigt, wurde damit aber faktisch ein Prozess der Hellenisierung und der Umbildung des christlichen Glaubens in eine philosophische Weltanschauung eingeleitet. Die Apologeten «eigneten sich ... den neuen Glauben von ihrem heidnisch geprägten geistig-kulturellen Hintergrund aus an und gaben ihm damit zugleich ein neues Gesicht.» (Bienert 97, 87) Der christliche Glaube wanderte damit aus dem alttestamentlich-jüdischen Denkgefüge aus und nahm mit seiner neuen Sprachgestalt auch neue Inhalte in sich auf. Im Bewusstsein des Menschen ist die Welt immer so, wie sie sich in seiner Sprache darstellt.

Hier soll nicht im Einzelnen der Prozess der Umformung und der Inkulturation in die hellenistische Welt beschrieben werden. Die Entwicklungsschritte lassen sich klarer erfassen, wenn wir uns die grundsätzlichen Optionen in der Gottesfrage vergegenwärtigen und uns die faktisch getroffenen Entscheidungen bewusstmachen.

Das Logos-Modell als Basis hellenistischen Gottesverständnisses

Die Apologeten griffen den eingeführten philosophischen Begriff des «Logos» auf, um damit das Wesen Gottes und das Wesen Jesu zum Ausdruck zu bringen. Für die zeitgenössische Metaphysik der Stoa galt der Logos als die alles durchdringende Weltvernunft im Sinne einer der Welt immanenten kosmischen Gottheit. Logos und Gottheit wurden gleichgesetzt. Im frühen Judentum wurde der Logos nicht mit der obersten Gottheit, sondern mit der Weisheit/*sophia* identifiziert, durch die Gott den Kosmos und den Menschen erschaffen hat. Der jüdische Religionsphilosoph PHILON († 45/50) nannte diesen Logos, durch den Gott als Weltschöpfer tätig wird, das erste Werk Gottes und den zweiten Gott. Er verstand ihn als eine personhafte Mittlergestalt, durch den sich Gott in den Bereich der materiellen Welt und der menschlichen Sinne hineinbegab.

Woher auch immer die Apologeten die Anregungen für ihr Logos-Verständnis nahmen, ihr Gott war im philosophischen Sinn transzendent, streng von der Welt getrennt und in seinem Wesen ohne Anfang und ohne Ende, unbegreiflich, unverständlich, unbewegt und unbewegbar; er hatte aber personale Züge. Dieser Gott war zwar monotheistisch gedacht, er war aber nicht mehr der in der Geschichte handelnde Gott Israels und auch Jesu, sondern ein fernes, in sich ruhendes göttliches Wesen, das einer Mittlergestalt bedurfte, um mit der Welt in Kontakt zu treten. Diese Funktion sprach man jenem Logos zu, der in der Gestalt Jesu aus Gott hervorging und Gott mit Welt und Mensch verband. In Jesus von Nazaret wurde der göttliche Logos Person. Im Logos entäußerte sich Gott, setzte er also einen zweiten Gott als das ewige Wort vor aller Zeit aus sich heraus. Die Apologeten sprachen nicht von einer Inkarnation, die ja erst mit der Geburt Jesu durch Maria gegeben war. Für sie lag die Selbstentäußerung Gottes darin, dass er sich vor aller Zeit in den Logos als in eine zweite göttliche Wesenheit hineinbegeben hat. Der Logos war daher als ein präexistenter Logos zu verstehen. Dieses gemeinsame Logos-Modell der Apologeten lässt aber verschiedene Möglichkeiten zu, das Verhältnis zwischen dem Wesen Gottes und dem Wesen des aus ihm hervorgegangenen oder gezeugten Logos zu verstehen. Die Wesensfrage stand ja im hellenistischen Denken im Zentrum des Interesses.

Christologische Grundmodelle

In den neutestamentlichen Schriften wird Jesus mit verschiedenen Würdenamen bezeichnet: von «Prophet» über «Messias» bis «Sohn Gottes». Für den Beginn seiner Gottessohnschaft werden vier unterschiedliche Daten genannt: Seine Taufe (Mk 1,9–11), seine Geburt (Mt 1,18ff; Lk 2,1–20), seine Auferstehung (Röm 1,3) und vor aller Zeit (Joh 1). Als nun die Frage zu beantworten war, wie sich Gott und Jesus zueinander verhielten und wer Jesus sei, da ergaben sich je nach Anknüpfungspunkt unterschiedliche Denkmodelle. (Lehrhafte Versuche, die Person Jesu in Begriffen zu erfassen, nennt man «Christologie» oder «christologische Modelle».)

Ein erstes Modell war bereits um die Mitte des zweiten Jahrhunderts in judenchristlichen Kreisen entstanden und auf hellenistischem Boden im dritten Jahrhundert ausgebaut worden. Es geht davon aus, dass Jesus bei der Taufe mit göttlicher Kraft ausgestattet und damit von Gott adoptiert und «vergottet» worden ist. In diesem Modell des *Adoptianismus* galt der Logos als unpersönliche göttliche Kraft, die mit Jesus nur eine äußere Verbindung eingegangen war. Gott und Jesus blieben dabei getrennte Personen. Der Adoptianismus knüpfte biblisch an die Taufgeschichte (Mk 1) an und dachte Jesus von seinem Menschsein her.

Ein zweites Modell knüpft an die Geburtsgeschichten in den Evangelien des Matthäus und Lukas an, in die man den Gedanken der Inkarnation eintragen konnte. Jesus von Nazaret wird hier als ein Modus, d.h. als eine Erscheinungsweise Gottes verstanden. Dieses Modell des *Modalismus*, das im dritten Jahrhundert in Rom namhafte Anhänger hatte, blieb im Orient noch über Jahrhunderte die volkskirchliche Vorstellung. Die Frage blieb ungeklärt, ob Gott als der Schöpfer zu verstehen ist oder ob der Schöpfer auch nur eine Erscheinungsweise Gottes ist, die jenseits seiner Erscheinungsweisen existiert.

Ein drittes Modell stammt von dem um 135 zum christlichen Glauben bekehrten Philosophen JUSTIN, der zum einflussreichsten Apologeten wurde und der um 165 den Märtyrertod erlitt. JUSTIN greift den Logos-Gedanken des Johannes-Prologs (Joh 1) auf und erklärt mittels des hellenistischen Logos-Begriffs, in welcher Weise Jesus als göttlich zu sehen ist. Er versucht besonders über den Logos-Gedanken das Christentum mit der hellenistischen Philosophie zu verbinden. Dabei scheint er sich Anregungen von dem jüdischen Philosophen PHILON geholt zu haben. JUSTIN versteht Gott in hellenistischer Weise als den Urgrund allen Seins, aber in seiner Transzendenz streng von der Welt getrennt. Deshalb erschafft er sich eine Kraft von göttlicher Art, die als sein Mittler zur Schöpfung hin tätig werden kann: den Logos, der in der Gestalt von Jesus Fleisch geworden ist. Der Logos ist Sohn Gottes von Ewigkeit her. Er ist von Gott gezeugt und als der Erzeugte ein anderer als der Erzeuger. Als Gottes erstes Geschöpf ist er Gott untergeordnet (subordiniert). In diesem Modell des *Subordinatianismus* begegnet uns Gott in zwei Wesensarten/Seinsweisen. Der Logos/Christus kann sogar als «zweiter Gott» bezeichnet werden. Jesus wird hier von Gott her definiert. Sein Menschsein kommt später hinzu.

Die biblischen Texte bekunden, wer Gott für uns ist und was er an uns tut. Die hellenistische Welt fragt, wer Gott seinem Wesen nach ist und wie Jesus dem Wesen Gottes zuzuordnen ist. Die vorgestellten drei Modelle versuchen nun von unterschiedlichen biblischen Ansätzen her, eine Antwort auf die hellenistische Frage nach dem Wesen Gottes und Jesu zu geben. Es zeigt sich, dass man das Verhältnis zwischen Gott und Jesus von den beiden Polen her denken kann. Sucht man die Antwort von Jesu Menschsein her, so bleibt zu klären, wodurch, wie und seit wann er auf welche Weise Gott repräsentiert. Sucht man die Antwort von Gott her zu klären, so sind die Fragen zu beantworten, seit wann und auf welche Weise Jesus Mensch geworden ist und wie sein göttliches Wesen im Menschen Jesus gegenwärtig und mit diesem verbunden ist. Diese alternativen Denkansätze, nämlich Jesus von seinem Gottsein oder von seinem Menschsein her zu verstehen, werden uns in den folgenden Jahrhunderten immer wieder begegnen, denn in den Lösungsvorschlägen, die mit den drei Modellen ins Gespräch gebracht worden sind, stecken jeweils wieder eine Reihe von Fragen, auf die Antworten gefunden werden müssen. Bereits hier wird deutlich, dass der hellenistische Fragehorizont nach Gott in Bereiche führt und Schwerpunkte setzt, die den biblischen Texten fremd sind. Dennoch wollten die christlichen Gemeinden ihren Glauben in der hellenistischen Welt verständlich vermitteln und mussten daher versuchen, die hellenistischen Fragen mit den Mitteln hellenistischen Denkens aus dem Geist der biblischen Zeugnisse zu beantworten. Das gleicht der Quadratur des Kreises und sollte ein ständiger Balanceakt bleiben.

Das Logos-Modell wird zum plausiblen Denkhintergrund

Menschliches Weltverstehen hängt immer von den (meist unreflektierten) Vorgaben ab, von denen her wir das deuten, was uns begegnet. Wer voraussetzt, dass Welt und Leben ein Spiel von übernatürlichen, magischen Kräften ist, der wird sein Leben als eine Auseinandersetzung und als ein Arrangement mit eben diesen Kräften verstehen und einrichten. Wer davon überzeugt ist, dass sein Leben von den Gestirnen bestimmt ist, der wird sich nach deren Konstellationen richten. Und wer den Lauf der Dinge in der Hand von Göttern sieht, der wird deren Wirken überall erkennen und versuchen, den Göttern zu geben, was sie im Kult von ihm fordern. Diese und noch eine Reihe anderer Vorverständnisse von Welt existierten in hellenistischer Zeit nebeneinander. In gebildeten Kreisen setzte sich zunehmend die Logos-Lehre als Verstehenshintergrund durch.

Die bereits skizzierte Logos-Lehre PLATONS war in vielen Brechungen und Varianten in philosophischen und religiösen Strömungen der hellenistischen Zeit gegenwärtig. In das Weltverständnis des christlichen Denkens war die platonische Logos-Lehre besonders durch die Vermittlung PHILONS von Alexandrien gelangt, der großen Einfluss auf die in der hellenistischen Welt lebenden Juden ausübte.

PHILON († 45/50) hat die alttestamentlichen Schriften im Denkgefüge der griechischen Philosophie interpretiert. Er verwandelte zwar PLATONS unpersönlichen Gottesgedanken zum persönlichen Gott, aber er übernahm von PLATON die Vorstellung, dass Gott der Welt gegenüber absolut transzendent ist und zu ihr keine Verbindung haben kann. Im Logos sah er das Mittlerwesen zwischen dem transzendenten Gott und der Welt. Auf diese Weise verband PHILON den abstrakten Gottesgedanken der Griechen mit Jahwe, dem Gott Israels, der in der Geschichte seines Volkes und der Menschen handelt und gegenwärtig ist. «Der Logos ist die Idee der Ideen, die Kraft der Kräfte, der oberste Engel, der Stellvertreter und Gesandte Gottes, der erstgeborene Sohn Gottes, der zweite Gott. Er fällt zusammen mit der Weisheit und Vernunft Gottes.» (Hirschberger I, 298)

Die *christlichen Theologen* und Schriftsteller haben bereits ab der Mitte des zweiten Jahrhunderts die Logos-Lehre in der Version von PHILON als plausibles Denkmuster auch für ihr Gottes- und Christusverständnis übernommen. Sie sahen sich wohl durch den Prolog des Johannesevangeliums dazu biblisch legitimiert. Unter dem Logos verstanden sie zum einen die Summe der Ideen, die das Wesen des ungeschaffenen einen und einzigen Gottes ausmachen. Zum anderen interpretierten sie auch Jesus als

Logos, und zwar als den Logos, den Gott aus sich heraussetzt und mit dem er sich noch einmal setzt. Dieser zweite Logos, den Gott aus seinem eigenen Wesen erschaffen hat, stellt die Verbindung zur Sinnenwelt dar. Denn dieser zweite Logos bringt die Sinnenwelt/Schöpfung als Gottes Schöpfung hervor, und er wird in dieser Welt in der Gestalt Jesu sogar als Gottes Abglanz wahrnehmbar. Der Logos-Gedanke eröffnet die Möglichkeit, die Einheit vom göttlichen Logos in zweifacher Seinsart, d.h. binitarisch/zweieinig zu denken und den einen Gott gleichzeitig als den Sendenden und als den Gesandten zu verstehen.

Außerhalb dieses griechisch-hellenistischen Logos-Konzepts wirkt die Logik dieses binitarischen Gottesverständnisses nicht überzeugend, aber in den geistigen Kreisen der hellenistischen Welt war der Logos-Gedanke allenthalben anzutreffen und zum plausiblen und nicht befragten Denkhintergrund geworden. Im Blick auf die biblischen Texte ist auch festzustellen, dass dieses Logos-Verständnis weit über das hinausgeht, was Jesus selbst und was die judenchristlichen Gemeinden unter «Gott» und unter «Gottes Sohn» verstanden. In der palästinensisch-christlichen Glaubenswelt gab es weder einen transzendenten Gott griechischer Art noch einen präexistenten Jesus von seinshafter Göttlichkeit.

Unterschiedliche christologische Modelle entwickeln sich nebeneinander

Die christologischen Modelle, die sich schon im zweiten Jahrhundert herausgebildet hatten, waren unterschiedliche Versuche, den einen Gott in der Zweiheit zu verstehen, in der er uns offenbar wird. IRENÄUS (um 140 bis um 202), der sehr einflussreiche Kirchenlehrer und Bischof von Lyon, meinte, der Sohn sei das Sichtbare des Vaters und der Vater sei das Unsichtbare des Sohnes. Genaueres lasse sich nicht formulieren. origenes (185/186–254) wusste als christlicher Neuplatoniker mehr zu sagen. Für ihn stand außer Zweifel, dass Vater und Sohn ihrem Wesen nach zusammengehören und von Anfang an eine Einheit in der Zweiheit bilden, freilich in der Weise, dass der Sohn/Logos von Anfang an durch den Vater gezeugt ist. ORIGENES sagt: «Wir erkennen ... Gott als immerwährenden Vater seines eingeborenen Sohnes an, der aus ihm unstreitig gezeugt ward und alles, was er ist, aus ihm hat, doch ohne Anfang.» (Ritter I, 80) Mit Hilfe der Logos-Spekulation und mit dem Konstrukt des binitarischen Gottesverständnisses, das ORIGENES daraus entwickelt, wird «die Welterschließung des unzugänglichen Urgrundes des Seins bzw. die Zuwendung Gottes zur Welt ausgesagt.» (Hauschild I, 20) Es sollte sich zeigen, dass mit diesen Antworten längst nicht alle Fragen geklärt waren, sondern sogar neue Fragen aufgeworfen wurden. Jedes spekulative System erzeugt neue Fragen aus sich selbst, die wieder beantwortet werden müssen und so abermals zu neuen Fragen führen. Spekulative Systeme haben die Tendenz, sich von ihrem Anlass abzulösen und sich zunehmend nur mit sich selbst zu beschäftigen.

Bis in das vierte Jahrhundert existierten die unterschiedlichen christologischen Modelle nebeneinander. Sie wurden sogar in unterschiedlicher Weise weitergedacht. Die Vertreter einer «Christologie von unten», die von der menschlichen Seite Jesu aus dachten und die göttliche Einheit in der Zweiheit durch das Modell der Adoption des Menschen Jesus durch den Vater erklärten, waren vorwiegend in Syrien und östlich davon zu finden, wo die jüdische Tradition noch stark nachwirkte. Geistiges Zentrum war das syrische Antiochia. Die «Christologie von oben», d.h. das Verständnis Jesu als die Inkarnation des präexistenten Logos, wurde in Hochburgen der hellenistischen Welt vertreten mit dem Zentrum im ägyptischen Alexandria. Über die unterschiedlichen Christologien wurde viel gestritten; eine Einigung kam nicht zustande.

Das änderte sich, als Kaiser KONSTANTIN I. (306–337) im Jahre 324 Alleinherrscher des Reichs wurde und das Christentum zur privilegierten Religion machte. Er führte es damit auf den Weg zur allein berechtigten Staatsreligion, die bereits 380 von THEODOSIUS d. Gr. ausgerufen wurde. In den Augen der Kaiser störten Lehrdifferenzen die Einheit der Kirche und damit auch die Einheit des Staates. Daher suchte bereits Kaiser KONSTANTIN die Lehrstreitigkeiten innerhalb der Kirche durch staatlichen Eingriff zu beenden.

Der Staat greift in die Lehrbildung ein

Der christologische Streit verdichtete sich zu Beginn des vierten Jahrhunderts auf die Frage hin, wie sich die Gottheit Jesu zur Gottheit des Vaters verhält. Der lange schwelende Streit brach aus, als der in Antiochia ausgebildete Presbyter ARIUS († 336) nach Alexandria kam und der hier geltenden Lehre des ORIGENES an entscheidender Stelle widersprach. Für ORIGENES und die Alexandriner galt von Beginn an die Einheit Gottes in der Zweiheit von Vater und Sohn. Beide sind gleichen Wesens. ARIUS hingegen sieht die alleinige Gottheit beim Vater und spricht von einer Zeit, in der Gott noch nicht Vater war. Denn, so ARIUS: «Der Sohn ist ein Geschöpf. Weder ist er seinem Wesen nach dem Vater gleich, noch ist er in Wahrheit und von Natur aus Logos des Vaters.» (Ritter I, 131) Als Grund allen Seins ist Gott absolut allein. (Man nennt diese Position *Monarchianismus*. Der Logos/Christus wird seinem Wesen nach entschieden von Gott abgerückt. Er ist zwar vor und außerhalb aller Zeit geschaffen, aber er ist nicht gleich ewig mit dem Vater.)

Als der Streit auf den Osten des Reichs übersprang und die Einheit des Reichs in Gefahr brachte, ergriff Kaiser KONSTANTIN die Initiative. Er berief für das Jahr 325 eine allgemeine Synode in seine Sommerresidenz nach *Nicäa* (nahe Byzanz) ein. Diese Versammlung der Bischöfe, an der kaum mehr als fünf Abendländer teilnahmen, wurde später zur ersten ökumenischen Synode erklärt. Der Kaiser eröffnete die Synode und leitete sie auch. Unter seinem Druck, wenn nicht gar unter seinem Diktat, wurde die Christologie des ARIUS, die das Menschsein Jesu betonte, als Irrlehre verurteilt. Das Konzil legte nahezu einstimmig fest: Der Sohn ist gleichen Wesens (*homo-usios*) mit dem Vater, d.h. er ist Gott. Damit hatte sich die hellenistische Sichtweise auf Jesus und auch die griechische Sprachform gegen das jüdische Gottesverständnis voll durchgesetzt. Es ging nicht mehr um das Heil und das neue Leben, das Jesus uns Menschen gebracht hat, sondern nur noch um die Frage der griechischen Philosophen nach dem Wesen Gottes und seines Sohnes.

Das zeigt sich auch in dem Glaubensbekenntnis, mit dem die Wesenheit von Vater und Sohn abgesichert wurde:

«Wir glauben an ... den Sohn Gottes, der als Einziggeborener aus dem Vater gezeugt ward, das heißt aus dem Wesen des Vaters; Gott von Gott, Licht von Licht, wahrhaftiger Gott aus wahrhaftigem Gott; geboren, nicht geschaffen; eines Wesens mit dem Vater ...»

Im Anschluss an das Glaubensbekenntnis werden sogar noch alle verdammt, die sagen: «Es gab eine Zeit, da er (der Sohn) nicht war ... oder die behaupten, er sei aus einer anderen Existenz oder Wesenheit (als der des Vaters) ...» (Ritter I, 136).

Mit diesem Bekenntnis und der Verdammung derer, die anders dachten, wurden reichseinheitlich die Beschlüsse der ersten Synode von Nicäa zum wahren Glauben der Kirche erhoben. Diese «wahren Dogmen Gottes» wurden durch Kaiser JUSTINIAN († 565) zum Reichsgesetz erklärt. Dadurch wurde jeder, der den Konzilsbeschlüssen nicht zustimmte, automatisch auch zum Staatsfeind.

Die theologische Kompetenz des Kaisers in Fragen der Christologie darf man bezweifeln. Ihm lag wohl mehr an der Einheit der Kirche in seinem Reich als am theologischen Inhalt der Einigung. Denn die gefundenen Formeln trugen nur vordergründig. Der Formel «homo-usios/wesenseins» konnten die meisten Bischöfe zustimmen, aber wohl nur deshalb, weil beide Wortteile unterschiedlich auslegbar waren, d.h. gerade keine Klarheit gebracht hatten. Das Konzil hatte nämlich nicht gesagt, was mit dem abstrakten Wort «usia» (Wesen, Sein) gemeint ist. Sollte damit im platonischen Sinn das zu verstehen sein, was als die Idee hinter aller konkreten Erscheinung steht, oder das unverwechselbar Besondere einer Person gegenüber allen anderen oder das, was man an einer Person sehen kann, oder das, was man gerade nicht sehen kann? Es war auch nicht geklärt, was mit dem «homo-usios» (wesenseins oder wesensgleich) gemeint ist. Der Streit um den Inhalt der «Einigungsformel» war geradezu programmiert und er sollte sehr heftig geführt werden. Denn wo die Begriffe ihre Bodenhaftung verlieren und ins Spekulative abheben, da vervielfachen sie nur die Probleme, die sie eigentlich lösen sollten.

Die Arianer lehnten den Begriff «homo-usios» als un-biblisch und als theologisch falsch ab und bezeichneten das Wesensverhältnis zwischen Vater und Sohn sogar als «an-homoios /unähnlich». Die Mehrzahl der Theologen wollte die Formel von Nicäa im Sinne von *homoi-usios*/wesens-ähnlich verstehen. Wieder andere wollten einen Wesens-vergleich ganz vermeiden und sagten, dass der Sohn dem Vater *homoios*/ähnlich sei. Eine kleine Gruppe, vertreten durch ATHANASIUS, den Bischof von Alexandria, lehnte die Zweiteilung in ein Wesen Gottes und in ein Wesen des Sohnes ganz ab, um die zahlenmäßige Einzigkeit des gött-lichen Wesens zu erhalten. Für ATHANASIUS gibt es nur ein einziges Wesen/Sein Gottes, an dem auch Christus/Logos teilhat. Damit löste ATHANASIUS die Christologie von der philosophischen Gotteslehre der Griechen, für die Gott als der Grund des Seins mit der Welt nichts zu tun haben konnte. Indem er das *homo-usios* als Wesensselbigkeit von Vater und Sohn interpretierte, blieb er zwar bei der philo-sophischen Begrifflichkeit, ermöglichte es aber, dass Gott seinem Wesen nach von Beginn an auch als der Schöpfer verstanden werden konnte, der keiner Mittlerwesen zu sei-ner Schöpfung bedurfte. Trotz aller Irritation wurden die Beschlüsse der Synode von Nicäa 325 auf der *Synode von Konstantinopel 381* erneut bestätigt. Die göttliche Binität (Zweieinigkeit) war damit als kirchliche Lehre festge-schrieben.

Nur am Rande sei vermerkt, dass der Arianismus damit keineswegs verschwunden war. Die Westgoten, die durch

WULFILA zum christlichen Glauben bekehrt und 382 in das Reich aufgenommen worden waren, hatten das Christentum im Denkmodell des ARIUS kennengelernt. Sie vermittelten es an die anderen germanischen Stämme der Völkerwanderung ebenfalls in der Gestalt des arianischen Christusverständnisses.

Die Vollendung der Binitätslehre

Mit den Formeln der Synode von Konstantinopel 381 war geklärt, dass die Gottheit im Verhältnis des Vaters zum Sohn als Zweieinigkeit/Binität zu verstehen sei. Das schloss nicht aus, dass diese Formel wieder recht unterschiedlich interpretiert werden konnte. Das aber soll hier nicht weiter verfolgt werden. Mit dem Bekenntnis zur Zweieinigkeit von Vater und Sohn stellte sich aber die nächste Frage: Wie war das Verhältnis von Jesu göttlichem Wesen zu seiner konkreten menschlichen Erscheinung zu verstehen? Auch diese Frage wurde zunächst unterschiedlich beantwortet. Dabei traten wieder die gegensätzlichen Denkansätze der Alexandriner mit ihrer «Christologie von oben» und der Antiochener und deren «Christologie von unten» zutage.

Wo das Gottheitliche im Vordergrund stand, gab es Probleme, das Menschsein Jesu voll zu bejahen. Das wurde schon im zweiten Jahrhundert in der These zum Ausdruck gebracht, dass Gott in Jesus nur zum Schein menschliche Gestalt angenommen hat, also gar nicht in vollem Sinne Mensch geworden ist (*Doketismus*). Das entsprach auch der Vorstellung der Gnosis. Diese Position konnte aber nach den Entscheidungen für die göttliche Zweieinigkeit so nicht mehr vertreten werden. Abgeschwächt jedoch trat sie wieder in der These hervor, Jesus habe zwar einen menschlichen Leib angenommen und ein menschliches Leben gehabt, aber an die Stelle der menschlichen Seele sei der göttliche Logos getreten. Oder: Der göttliche Logos habe in Jesus die menschliche Gestalt nur wie ein Kleid angezogen.

Auf der anderen Seite haben die Antiochener daran festgehalten, dass sich das Göttliche mit dem Menschlichen in Jesus nicht substanziell verbinden konnte, sondern dass die Einheit lediglich als eine moralisch-ethische Einheit der Gesinnung zu verstehen sei.

Das Problem wurde indirekt bereits auf der *Synode von Ephesus 431* verhandelt. Es verbarg sich in der Frage, ob Maria als Christusgebärerin oder als Gottesgebärerin zu verstehen sei. Die Antiochener, die vom Gegensatz Schöpfer und Geschöpf her dachten, wollten die vollständige Menschheit Jesu gewahrt wissen und betonten, dass das Göttliche und das Menschliche in Jesus strikt zu unterscheiden seien. Daraus folgte, dass Maria nicht Gott, sondern Christus geboren hat. Für die Alexandriner, die von der göttlichen Zweieinigkeit her dachten, musste es konsequent sein, Maria als die Gottesgebärerin zu sehen. Die Synode folgte der Logik des binitarischen Gottesverständnisses und verlieh Maria den Ehrentitel «theotókos/Gottesgebärerin». Damit war die göttliche Wesensart des Menschenkindes Jesus bereits klar zum Ausdruck gebracht.

Endgültig entschieden wurde über das Verhältnis von Gottheit und Menschheit in Jesus erst auf der *Synode von Chalcedon 451*. Die Konsensformel sagt: Wir bekennen die Personeinheit Christi in zwei Naturen. In der einen Person des Jesus von Nazaret treten zusammen die vollständige Gottheit/der wahre Gott und die vollständige Menschheit/der wahre Mensch. Diese eine Person ist wesenseins (*ho-*

73

mo-usios) mit dem Vater seiner Gottheit nach und zugleich wesenseins mit uns seiner Menschheit nach. Er ist doppelt gezeugt bzw. geboren: nämlich vor aller Zeit aus dem Vater seiner göttlichen Natur nach; er ist in der Zeit geboren aus Maria, seiner menschlichen Natur nach. Die göttliche Natur bezeichnet keinerlei Substanz, sondern das Gottheitliche; die menschliche Natur bezeichnet auch nicht die Körperlichkeit, sondern das Menschheitliche. Diese beiden Naturen werden aber nicht zu einer Einheit addiert. Vielmehr bewahren beide Naturen ihre Eigentümlichkeit in der einen Erscheinungsform der Person. Die beiden Naturen sind in der einen Person weder vermischt noch getrennt.

Die Lehrformel wurde bewusst nicht als ein Gemeindebekenntnis deklariert. Sie sollte eine Regel für die Theologen sein und die auseinanderstrebenden christologischen Konzepte zusammenführen und zusammenhalten. Hat diese Kompromissformel von Chalcedon das geleistet? Konnte sie das leisten?

Zunächst ist anzuerkennen, dass im Bekenntnis von Chalcedon, für das sich die Bezeichnung «Chalcedonense» herausgebildet hat, in einer großen geistigen Anstrengung die extremen Positionen der Alexandriner und der Antiochener samt einiger Varianten zusammengeführt wurden. Die Geschichte hat auch gezeigt, dass alle großen christlichen Konfessionen das Chalcedonense als das gemeinsame Bekenntnis verstehen. Die vier Negativaussagen, wonach der eine Sohn Gottes «in zwei Naturen unvermischt, unverwandelt, ungetrennt und ungesondert» zu verstehen sei, haben sich als Grenzpfähle gegen ausufernde philosophisch-theologische Gottesspekulationen bewährt.

Auf der anderen Seite gab gerade die Einigungsformel von Chalcedon den Anlass, die Einheit der Kirche aufzukündigen. Hinter dem Interesse, in Lehrfragen die Einheit der Kirche herzustellen, stand das wohl stärkere politische Motiv des Kaisers, über die Einheit der Kirche die Einheit des Reichs zu bewahren. Diese Rechnung ging nicht auf. Denn gerade wegen der Zwei-Naturen-Lehre des Chalcedonense trennten sich viele Kirchen in Vorderasien und Afrika (Persien, Ägypten, Armenien, Syrien u.a.) von der Reichskirche und organisierten sich als eigenständige nichtchalcedonensische Nationalkirchen.

In theologischer Hinsicht waren mit dem Chalcedonense die Probleme auch nicht gelöst, die mit der hellenistischen Weise, das Göttliche in Jesus zu verstehen, überhaupt erst aufgeworfen worden waren. Die Erklärung, dass die göttliche und die menschliche Natur in der Person Jesu unvermischt, unverwandelt, ungetrennt und ungesondert zu sehen sei, ist für das Denken nicht befriedigend. Hinzu kommt, dass die in der Formel benutzten Schlüsselbegriffe keineswegs eindeutig geklärt waren. So konnte es nicht ausbleiben, dass die Einigungsformel von den verschiedenen Positionen her wieder unterschiedlich interpretiert wurde. Davon muss hier nicht weiter die Rede sein.

Von bleibender Bedeutung ist, dass mit der Formel von der einen Person in zwei Naturen, die als das erste Dogma gilt, die griechische Gottesvorstellung gegen das alttestamentlich-jüdische Gottesverständnis festgeschrieben wurde. Gott und Jesus werden nicht in ihrem Wirken für uns dargestellt, sondern mit statischen Begriffen in abstrakten philosophischen Vorstellungen gedacht. Die Formel öffnet uns nicht die Augen dafür, wie in dem, was Jesus wirkt und sagt, das Wesen Gottes offenbar wird; sie stellt uns einen vor aller Zeit vergöttlichten Jesus vor Augen.

Positiv hält das Chalcedonense allerdings fest, dass Jesus als wirklicher Mensch zu verstehen ist und nicht als ein Mythos. Abgewehrt wird auch der Gedanke, dass er ein Gott sei, der nur zum Schein Menschengestalt angenommen hat.

Von der Binität zur Trinität

Gibt es einen «Drang» zur Trinität?

Zwei Elemente bilden noch keine Trinität. Religionswissenschaftler weisen darauf hin, dass es in vielen Regionen *Göttertriaden* (Dreiheiten) gibt. So die römische Trias von Jupiter, Juno und Minerva; die Söhne des griechischen Chronos: Zeus, Poseidon, Hades; die Heilige Familie Ägyptens: Osiris, Isis, Horus oder die ägyptische Reichstriade Amun, Re, Ptah; die germanische Dreiheit Odin, Thor, Thyr. Götterdreiheiten finden wir auch in den Religionen der Inder, Sumerer, Assyrer, Babylonier, u.a.m. Dreiheiten können sehr unterschiedlich strukturiert sein. Sie bilden aber aufgrund der Dreiheit noch keine Trinität. Selbst dort nicht, wo der Sonnengott Re in Heliopolis am Morgen als Cheper, am Mittag als Re und am Abend als Atum erscheint. Außerdem lässt sich aus der Existenz von Götterdreiheiten in anderen Religionen kein Gesetz herleiten, wonach Religionen auf Götterdreiheiten hin angelegt sind.

Völkerkundler und Psychologen erinnern daran, dass die Dreizahl im Symbolbewusstsein der gesamten Menschheit von Beginn an tief verankert ist. Die Drei steht für das Ganze, für Anfang, Mitte und Ende, für Vergangenheit, Gegenwart und Zukunft, für Geburt, Leben und Tod und generell für die Schöpferkraft, die bereits vor 40 000 Jahren in der Gestalt von Vatertier, Muttertier und Jungtier dargestellt wurde. Eugen Drewermann sieht im Trinitätsdogma einen Archetyp, in welchem sich das Wesen des Göttlichen in symbolischer Form zeigt. Was immer an symbolischen Denkmustern angeführt werden mag, auch aus der Symbolkraft der Zahl Drei lässt sich nicht folgern, dass

sich im christlichen Glauben so etwas wie eine Götterdrei-
heit herausbilden musste.

Schließlich wollen einige Theologen sogar einen «Drang
des christlichen Glaubens zur Trinität» festgestellt haben.
Aus ihrer Sicht finden sie den trinitarischen Gedanken bereits in den neutestamentlichen Texten angelegt, wenn auch
noch nicht voll entfaltet, aber eben mit der Tendenz, voll
entfaltet zu werden. Es kann kaum verwundern, dass die
Vertreter dieser Drang-These genau das in den biblischen
Texten samenhaft auch finden, was sie mit ihrer These bereits voraussetzten. Der Erkenntnisgewinn ist bei dieser Art
Betrachtung vom Ergebnis her gleich null. Ein Biologe, der
behauptete, im Regenwurm sei bereits der Mensch angelegt, nur eben noch nicht sichtbar entfaltet, würde sich aus
der Gemeinschaft der ernsthaft Argumentierenden selbst
ausschließen. Es ist gewiss richtig, dass biblische Texte
auf dem Weg zu einer Trinitätslehre eine wesentliche Rolle
spielen. Aber die biblischen Texte enthalten keine ihnen
innewohnende Logik, die notwendig zur kirchlichen Trinitätslehre hinführt. Die Entwicklung der kirchlichen Lehre
hätte unter anderen historischen und politischen Bedingungen auch anders laufen können. Allein das Beispiel der
Kirchen, die das Chalcedonense bleibend abgelehnt haben,
oder das Beispiel der arianischen Germanen zeigen, dass
man sehr wohl ohne die kirchliche Trinitätslehre vollgül-
tiger Christ sein kann. Oder sollte die Christenheit vor der
Übereinkunft zur Trinitätslehre nicht wirklich christlich
gewesen sein?

Der Heilige Geist

Das eigene Verständnis klären

Die Entwicklung hin zur Zweieinigkeit von Vater und Sohn hat gezeigt, dass das Stichwort «Geist» dabei keine Rolle spielte. Das Wort «pneuma/Geist» taucht im Neuen Testament 379-mal auf. Etwa 275-mal wird es im Sinne von «Geist Gottes» verwendet. Was aber ist damit gemeint?

In der deutschen Gegenwartssprache wird mit «Geist» Unterschiedliches verbunden. Auf einer gehobeneren Ebene verbindet man mit «Geist» Begriffe wie «Vernunft», «Verstand», «Esprit», «heller Kopf», «höheres Seelenleben» oder den Gegenbegriff zu «Materie» u.a.m. Im Lateinischen steht für unser Wort «Geist» ein ganzer Fächer von Begriffen mit unterschiedlicher Bedeutung: «mens», «spiritus», «intellectus», «ratio», «animus» und «genius». Die griechische Sprache hat wieder eine andere Palette von Wörtern und Wortbedeutungen, die wir recht undifferenziert in das Wort «Geist» hineinpacken.

Wenn wir verstehen wollen, wovon die biblischen Texte, die alten Philosophen, die Kirchenväter und die kirchlichen Texte reden, wenn sie das Wort «pneuma» benutzen, das wir mit «Geist» übersetzen, so müssen wir alle Beiwerte ausblenden, die für uns heute in dem Wort «Geist» mitklingen. Wir müssen uns auf das einlassen, was in den Texten der Bibel und der damaligen Zeit gemeint, aber auch nicht gemeint ist. Es ist hier nicht nötig, alle Bedeutungsvarianten des Pneuma-Begriffs zu betrachten, die in hellenistischer Zeit vertreten wurden. Für unseren Zusammenhang sind lediglich jene Geist-Verständnisse wichtig, die in irgendeiner Weise für die Trinitätslehre eine Rolle spielen oder von denen sich das christliche Geistverständnis absetzen musste.

Das biblische Verständnis

Das *Alte Testament* eröffnet Gottes Wirken mit dem Satz: «und der Geist Gottes bewegte sich über dem Wasser (des Urchaos)» (Gen 1,2), bereit zu handeln und zu gestalten. Das hebräische Wort «rúah», das die griechischen Übersetzer mit «pneuma» und wir mit «Geist» wiedergeben, hat die Grundbedeutung von «Hauch», «Wind» und «Odem». Damit ist ein Wirklichkeitsbereich umschrieben, über den der Mensch nicht verfügt, der ihm aber begegnet, von dem er auch betroffen ist. Alles, was ist, verdankt sein Dasein dem Geist Gottes, seinem schöpferischen Lebensodem. Das gilt für die Schöpfung. Das zeigt sich aber auch überall dort, wo Gott sich in der Geschichte seines Volkes zu Wort meldet, wie z.B. im geistgewirkten Wort der Propheten. In der Botschaft der Propheten erweist sich der seiner Schöpfung als Schöpfer gegenüberstehende Gott als in der Welt und für Menschen gegenwärtig und nahe. Diese Nähe und Gegenwart Gottes in der Botschaft der Propheten, und damit zugleich die göttliche Vollmacht dieser Botschaft, kommen in der alttestamentlichen Einleitungsformel «So spricht der Herr» zum Ausdruck. Gottes lebenschaffender Geist zeigt sich auch dort, wo durch Gottes Geist Menschen zu einem neuen Leben gebracht werden. Der Prophet Joel kündigt an: «Und danach werde ich meinen Geist ausgießen über alles Fleisch» (Joel 3,1), und Ezechiel führt aus, was damit gemeint ist: «Und ich werde euch ein neues Herz geben, und in euer Inneres lege ich einen neuen Geist» (Ez 36,26). Vor allem aber, so sagt Jesaja, wird der

Messias mit Gottes Geist ausgestattet sein: «Und auf ihm wird der Geist des HERRN ruhen» (Jes 11,2). Und dann wird ausgeführt, was dieser Geist unter den Menschen bewirkt, nämlich: Gerechtigkeit und Frieden unter Menschen und Völkern.

Das Geist-Verständnis in den Evangelien des *Markus* und *Matthäus* steht ganz in der alttestamentlich-jüdischen Tradition. Hier ist Jesus seit der Taufe der Träger des göttlichen Geists. Als Jesus durch den Geist Gottes die Dämonen austreibt, heißt es dazu: «dann ist das Reich Gottes zu euch gelangt» (Mt 12,28). In den Geburtsgeschichten der Evangelien des *Matthäus* und *Lukas* steht der Heilige Geist bei den Zeugen Jesu für die Leben schaffende Schöpferkraft Gottes. Beim Apostel *Paulus* rücken Gott, Christus und Geist sehr eng zusammen. Die Bezeichnungen «Geist», «Geist Gottes», «heiliger Geist», «Geist des Herrn», «Geist des Sohnes» und «Geist Christi» stehen sinngleich nebeneinander, ohne dass freilich irgendwelche Reflexionen zu einer Trinität angestellt werden. Mit allen diesen Aussageformen zum Begriff «Geist» wird das Wirken Gottes als das Geschenk des neuen Lebens zum Ausdruck gebracht.

Wie in der Alten Welt allgemein, so zeigen sich auch im Verständnis des Geistes Tendenzen zur Vergegenständlichung. Bei der Taufe schwebt der Geist herab «wie eine Taube» (Mk 1,10). Paulus kann sogar in personifizierender Weise vom Geist sprechen: «der Geist nämlich ergründet alles» (1Kor 2,10). Paulus charakterisiert den Geist aber nirgendwo als Person. Ein personales Verständnis des Geistes deutet sich erst im *Johannesevangelium* an. Nach Joh 14,16 kündigt Jesus für die Zeit nach seinem Weggang einen «anderen Fürsprecher» an, der ewig bei der Gemeinde bleiben wird. Wir übersetzen die Bezeichnung «Paraklet» mit «Tröster», «Beistand», «Fürsprecher». Dieser Fürsprecher soll an die Stelle Jesu treten und damit die bleibende Gegenwart Jesu im Sinne der Gegenwart Gottes repräsentieren. Da dieser Paraklet aber gesendet wird, und zwar nach Joh 15,26 vom erhöhten Christus und nach Joh 14,26 vom Vater, so ist deutlich, dass er weder mit dem Vater noch mit dem Sohn identifiziert wird. Der Paraklet steht für die nachösterliche Gegenwart Gottes in der Gemeinde. Er hat zwar Personcharakter, wird aber nirgendwo mit dem Vater und dem Sohn zu einer Trinität zusammengeschlossen.

Hellenistische Verständnisse

Philosophen haben immer wieder gefordert, den Begriff «Geist» ganz fallen zu lassen, da er nicht eindeutig zu fassen sei. Dieses Problem bestand bereits in der Antike. Im philosophischen und religiösen Sprachgebrauch des Hellenismus begegnet uns eine Fülle von Bedeutungen von «Geist», die sich einer klaren Systematik entziehen. Wir müssen hier nur jene Geistverständnisse ansehen, mit denen sich die christliche Theologie auseinanderzusetzen hatte. Unter «pneuma» verstand man im antiken Griechenland ganz materiell die bewegte Luft, die eingeatmete Luft, den Atem, d.h. ein weltlich-naturhaftes Phänomen. Wie das Atem-*pneuma* für den menschlichen Organismus eine zentrale Rolle spielt, so sah man auch den Kosmos durch *pneuma* in der Bedeutung des göttlichen Geistes bestimmt und zusammengehalten.

Eine umfassende Bedeutung hat das Pneuma in der *stoischen Philosophie* erlangt. Für die Stoa ist das Wesen des Seins die Körperlichkeit und die Kraft. Lebendige Kraft befindet sich dort, wo *pneuma*/Atem ist. Das Wesen des Seins wird also aus der Beobachtung des Lebendigen entwickelt. Das Pneuma ist in allem enthalten, was ist, freilich in unterschiedlicher Weise. In der Pflanzenwelt zeigt es sich als Wachstum, im Menschen ist es da als Vernunft. Für die Stoiker liegt der Grund der Welt in ihr selbst. Ihr Erklärungsprinzip bleibt immanent. «Die Stoiker sind keine Theisten, sondern Pantheisten. Wenn die Welt sich selbst begründet, wenn sie ‹autark› ist, dann füllt sie selbst den Platz Gottes aus und ist selbst Gott.» (Hirschberger I,256) Der Kosmos wird als ein Organismus betrachtet, der von seinem Wesen her durch das *pneuma* beseelt wird, d.h. durch jenes göttliche Prinzip, von dem alles zusammengehalten und erfüllt wird. Gott und Geist werden konsequent welt-immanent gedacht. Das heißt, dass ein Geist, der nicht schon im Menschen selbst angelegt ist und der den Menschen zu einem neuen Sein führt, unvorstellbar ist. Der christliche Glaube lebt nun aber gerade aus dem Geist, der das, was der Mensch von seiner Natur aus ist, überholt und mit Inhalten füllt, die der Mensch nicht aus sich selbst haben, sondern nur als göttliches Geschenk empfangen kann.

In vielen Spielarten der *neuplatonischen Philosophie* ist der Geist ganz unstofflich gedacht. Er bildet hier ein Zwischenglied oder ein vermittelndes Element zwischen stofflichen und unstofflichen Ideen der göttlichen Welt und dem Stofflichen der Welt. Da der Geist dem stofflichen Menschen Kenntnis von den unstofflichen Ideen vermittelt, führt er ihn über die Grenzen der irdischen Welt hinaus.

PHILON von Alexandria sucht auch im Verständnis des Geistes das alttestamentliche Denken mit platonischen Denkformen auszulegen. Da er mit PLATON Gott als der

Welt gegenüber und absolut transzendent versteht, muss eine Brücke zwischen Gott und der Welt hergestellt werden, und zwar durch Mittlerwesen, die als Gesandte, als Stellvertreter und als Repräsentanten Gottes agieren. Das leistet für PHILON der Logos, der im Auftrag Gottes in der Welt handelt, Gottes Geist vermittelt und umgekehrt auch Mensch und Welt als Hohepriester, als Fürbitter und Paraklet vor Gott vertritt. In welchem Maße PHILONs Gedanken bei der Ausformung der Trinitätslehre eine Rolle gespielt haben, ist nur schwer abzuschätzen. Eine dritte Wesenheit oder Gottheit neben Gott und dem Logos ist bei PHILON allerdings nicht im Blick. Deutlich ist nur, dass die Vielfalt der Zwischenwesen in den damaligen Religionen und Philosophien die Christen dazu nötigte, ihr eigenes Verständnis von Gott, Jesus und Geist zu klären und gegen widersprechende Vorstellungen abzugrenzen.

Nachbiblische Entwicklungen

In den theologischen Konzepten des zweiten und dritten Jahrhunderts ist eine richtungweisende Tendenz im Verständnis des Geistes noch nicht zu erkennen. Bei THEOPHILOS, Bischof von Antiochien († 181/191), ist das Wort «trias» («Dreiheit», aber noch nicht «Trinität») zum ersten Mal belegt, allerdings noch nicht näher definiert. Die Begriffe «Logos», «Weisheit» und «Geist» wurden unterschiedslos benutzt. THEOPHILOS' Zeitgenosse TATIAN, ein syrischer Apologet († um 177), sieht – ganz hellenistisch – im göttlichen Geist eine unpersönliche Lebenskraft, die die Welt durchflutet. Die alexandrinischen Theologen KLEMENS († vor 216) und ORIGENES († 254) verstehen den Geist als eine inspiratorische Gotteskraft; sie gehen damit über das alttestamentlich-jüdische Verständnis kaum hinaus. Für IRENÄUS, Bischof von Lyon († 202), sind Sohn und Geist zwei Kräfte, die von Gott ausgehen und als dessen Diener wirken. Eine trinitarische Konstellation kennt IRENÄUS nicht.

Im Zentrum des Nachdenkens stand im zweiten und dritten Jahrhundert das Verhältnis von Vater und Sohn. Dazu gab es eine Reihe unterschiedlicher Denkmodelle. Der Geist spielte darin keine Rolle. TERTULLIAN († 225), der erste bedeutende lateinische Kirchenlehrer, war auch der Erste, der den lateinischen Begriff «trinitas» als Übersetzung der griechischen «trias» in die lateinische Theologie einführte. Aber eine genaue Zuordnung der drei Elemente im Sinn einer Wesensbestimmung hat er mit dem Begriff nicht verbunden. So bleibt festzustellen: Der Heilige Geist «kam wie ein problematisches Drittes in die Trinitätslehre hinein, letztlich erst im vierten Jahrhundert, ‹offiziell› erst beim Konzil von Konstantinopel 381» (Ritschel, 1250).

Schritte zur Trinitätslehre

Von der Trias zur Trinität

Bei der Trinitätslehre geht es nicht um die Zahl Drei; es geht auch nicht darum, Gott, Jesus Christus und Geist zueinander in Beziehung zu setzen oder nebeneinander zu erwähnen. Von «trinitas/Trinität» im speziellen Sinn ist erst dort die Rede, wo Gott, Jesus Christus und Geist als wesensgleich gelten und in der Einzahl als «Gott» bezeichnet werden. Die Dreier-Konstellation muss so gedacht sein, dass der Monotheismus nicht in Frage gestellt ist.

In den Konzepten, in denen der eine Gott als die allein vorgegebene göttliche Wesenheit gilt und Sohn und Geist untergeordnete Instanzen oder nur Erscheinungsweisen dieses einen Gottes sind, da haben wir nur eine Zuordnung von Sohn und Geist zu dem einen Gott vor uns, aber noch keine volle Trinitätslehre. Das Gleiche gilt auch für alle Konzepte, nach denen sich der nicht-sichtbare, unerkennbare und jenseitige Gott als Schöpfer, im Menschen Jesus und im Wirken göttlichen Geistes zeigt.

Auf dem Weg von der *trias*/Dreiheit zur *trinitas*/Trinität/Dreieinigkeit waren viele Denkschritte zu leisten, die in ihrem mühsamen Hin und Her hier nicht dargestellt werden müssen. Eindeutig war zunächst nur, dass Gott *monotheistisch* zu denken sei, und zwar nicht als unpersönliche transzendente Kraft oder als Prinzip, sondern, im Sinne alttestamentlich-jüdischer Selbstverständlichkeit, als verlässliches Gegenüber zur Welt und zum Menschen in Vergangenheit, Gegenwart und Zukunft. Bei dieser unbestrittenen Vorgabe mussten im Laufe der Entwicklung all jene Entwürfe ausgeschieden werden, die in griechisch-hellenistischer Weise Gott mit einem transzendenten Prinzip identifizierten, das sich in Jesus und dem Geist nur zweier Mittlerwesen bediente.

Aufzunehmen war die *Gotteserfahrung der christlichen Gemeinschaft*. Danach wurde und wird Gott erfahren in der Weltwirklichkeit und in der Fülle und den Ordnungen des Lebens. Diese Erfahrungen wurden in dem Symbolbegriff «Schöpfer» oder «Vater» verdichtet. Zum anderen wurde und wird Gott erfahren in der Person Jesu von Nazaret, in seinem Wirken, Handeln und in seiner Botschaft, die in den Zeugnissen des Neuen Testaments gegenwärtig ist. Diese Erfahrung bündelte sich in dem Symbolwort

«Sohn». Schließlich wurde und wird Gott in jenen Lebenswirklichkeiten erfahren, in denen sich uns im «alten» Leben der Horizont eines Neuen eröffnet, das wir nicht aus uns selbst haben können. Dafür stand das Symbolwort «Geist». Diese drei Bereiche der Gotteserfahrung waren als Einheit göttlicher Gegenwart zu erfassen.

Schließlich war noch eine Bedingung zu erfüllen, die zwar nicht inhaltlich zwingend, aber historisch notwendig war: Das alttestamentlich-jüdische Gottesverständnis musste in seinen drei menschlichen Erfahrungsfeldern in den *Denkformen und in der Sprache der hellenistischen* Welt geistig einsichtig und widerspruchsfrei zum Ausdruck gebracht werden. Dazu gab es eine Reihe von tastenden Versuchen, ehe eine reichsweit verständliche und akzeptierbare, eine plausible und eine kompromissfähige und durchsetzbare Form gefunden werden konnte.

Die Schlüsselbegriffe

Grundlage für eine akzeptable Formel war die bereits gefundene Definition, nach der Gott und Jesus als *homo-usios*/wesenseins zu sehen sind. In dieses Verständnis der Wesenseinheit wurde nach heftigem Streit um die Mitte des vierten Jahrhunderts auch der Geist einbezogen. Die logische Brücke bildete der von ATHANASIUS († 373) vorgebrachte Gedanke, dass der Heilige Geist kein anderer Geist als der Geist Christi sei. Damit war gegen anderslautende Konzepte festgehalten: Wenn Sohn und Geist eines Wesens mit dem Vater sind, so sind sie auch von Ewigkeit her göttlichen Wesens und nicht irgendwelche nachgeordneten Mittlergestalten. Ausgeschieden waren mit der *homo-usios*-Formel auch die Interpretationsvarianten, nach denen Sohn und Geist dem Wesen Gottes nur als «wesens-ähnlich» oder «ähnlich» zu gelten hätten. Das *homo-usios* stand für die Gewissheit, dass wir in Jesus von Nazaret und im Wirken des Geistes nicht irgendwelchen Masken und Verhüllungen Gottes, sondern unmittelbar dem lebendigen Gott begegnen.

Wie aber war eine Dreiheit zu denken, welche die Einheit des Wesens nicht zerstörte? TERTULLIANs Versuch, die Trinität in lateinischen Begriffen als eine Substanz/*substantia* in drei Personen zu beschreiben, hat sich als nicht tragfähig erwiesen. TERTULLIAN verstand unter «Person» im antiken Sinn die Rolle, die ein Schauspieler spielt, oder die Rolle, die ein Anwalt im Prozess für die Person übernimmt, die er vertritt. Mit diesen Begriffen war die Einheit in der Substanz des Göttlichen nicht zu wahren.

Im Begriffsinventar der hellenistischen Philosophie sollten sich bessere Instrumente finden, um die göttliche Einheit und Einzigkeit in der Dreiheit zum Ausdruck zu bringen. Der Begriff «usia» («Wesen» oder «Sein») hatte sich schon als das übergreifend Verbindende in der Christusfrage zwischen Vater und Sohn bewährt. Jetzt wurde auch dem Geist das göttliche Wesen voll zuerkannt. Damit erhielt er, wie Vater und Sohn auch, den vollen Status einer *Hypostase*. Das heißt, man sah im Geist das ganze göttliche Sein ebenso wie im Vater und im Sohn auf unterscheidbare Weise verwirklicht. Vater und Sohn und Geist wurden als drei unterschiedene Hypostasen/Verwirklichungen/Seinsweisen des einen und gleichen göttlichen Seins erfasst. Das Sein Gottes ist nur eines, aber zugleich in drei unterschiedenen Seinsweisen gemeinsam. Das eine Gottsein ist in drei unterschiedlichen Hypostasen/Verwirklichungen/Seinsweisen konkret.

Worin aber war die jeweilige *Eigenart der drei Seinsweisen in der Einheit* des einen Seins zu sehen? Die erste
Seinsweise, der Schöpfer, ist selbst ursprungslos und unge-
zeugt, aber gekennzeichnet durch das Vatersein. Die zweite
Seinsweise, der Sohn, ist von Ewigkeit her aus dem Vater
gezeugt. Die dritte Seinsweise, der Geist, ist nicht gezeugt,
sondern sie geht von Ewigkeit her vom Vater aus. Diese
Dreiheit der Seinsweisen ist aber nicht als ein zeitliches
Nacheinander zu verstehen. Das eine göttliche Sein ist in
seiner Dreiheit von seinem Ursprung her in unterscheidba-
rer Weise gegenwärtig.

Der Schlussstein

Die zweite ökumenische *Synode von 381 in Konstantinopel* hat die volle Gottheit und deren volle Seinsweise/Ver-
wirklichung im Heiligen Geist zum Dogma erhoben und
damit das binitarische Dogma zur expliziten Trinitätslehre
erweitert. Der dritte Artikel des Glaubensbekenntnisses
definierte den Heiligen Geist mit dem Zusatz «der da Herr
ist und lebendig macht, der vom Vater ausgeht». Die Trinitätslehre war damit abgeschlossen. Sie gilt in der Gestalt
des *nicäno-konstantinopolitanischen Symbols von 381* in
allen christlichen Großkirchen als anerkanntes gemeinsames Bekenntnis. Es lautet:

«Wir glauben an den *einen Gott,*
den Vater, den Allmächtigen,
der alles geschaffen hat,
Himmel und Erde,
die sichtbare und die unsichtbare Welt.

Und an den einen Herrn *Jesus Christus,*
Gottes eingeborenen Sohn,
aus dem Vater geboren vor aller Zeit:
Gott von Gott, Licht von Licht,
wahrer Gott vom wahren Gott;
gezeugt, nicht geschaffen,
eines Wesens mit dem Vater;
durch ihn ist alles geschaffen.
Für uns Menschen und zu unserem Heil
ist er vom Himmel gekommen,
hat Fleisch angenommen
durch den Heiligen Geist von der Jungfrau Maria
und ist Mensch geworden.
Er wurde für uns gekreuzigt unter Pontius Pilatus,
hat gelitten und ist begraben worden,
ist am dritten Tage auferstanden nach der Schrift
und aufgefahren in den Himmel.
Er sitzt zur Rechten des Vaters
und wird wiederkommen in Herrlichkeit,
zu richten die Lebenden und die Toten;
seiner Herrschaft wird kein Ende sein.
Wir glauben an den *Heiligen Geist,*
der Herr ist und lebendig macht,
der aus dem Vater und dem Sohn hervorgeht,
der mit dem Vater und dem Sohn
angebetet und verherrlicht wird,
der gesprochen hat durch die Propheten,
und die eine, heilige, allgemeine
und apostolische Kirche.
Wir bekennen die eine Taufe zur Vergebung der Sünden.
Wir erwarten die Auferstehung der Toten
und das ewige Leben der kommenden Welt. Amen.»

Die gemeinsame Basis bleibt brüchig und schmal

Die westliche Interpretation

Der lateinische Westen hatte sich am Aufbau der Trinitätslehre weder geistig noch personal besonders engagiert. Dazu fehlten ihm der philosophische Hintergrund des Logos-Denkens und das sprachlich-philosophische Instrumentarium der griechischen Tradition. Das Trinitäts-Dogma wurde der westlichen Kirche vor allem im Verständnishorizont und in der Brechung des Kirchenvaters AUGUSTIN († 430) vermittelt. Der Interpretationsprozess begann bereits mit der Umsetzung des griechischen Textes in lateinische Begriffe. Die griechische Formel sprach von der einen *usia* (dem gottheitlichen Sein) und den drei Hypostasen (den drei Seinsweisen oder Realisationen dieses einen Gottseins). AUGUSTIN kannte den Unterschied zwischen «usia» und «Hypostase» gar nicht. Für ihn war Gott «eine einfache und unwandelbare Substanz», und zwar die einzig reine und wahre Substanz. Diese eine Substanz begegnet uns im Vater, im Sohn und im Heiligen Geist jeweils ganz ohne irgendwelche differenzierenden Unterschiede. Dennoch konnte AUGUSTIN mit Blick auf die griechische Dreiheit der Hypostasen/Seinsweisen auch von drei Personen sprechen, ohne diese aber zu vergegenständlichen oder sie als Teile des einen Gottes für sich zu sehen und von der göttlichen Einheit und Ganzheit abzuspalten. Bereits bei AUGUSTIN wird deutlich, dass die lateinische Christenheit nicht so sehr am Wesen Gottes und an der Vergöttlichung des Menschen interessiert war, sondern danach fragte, wie der Mensch durch Gottes Handeln von der Sünde erlöst

wird. Das schloss nicht aus, dass auch im Westen mancherlei Trinitätsspekulationen betrieben werden sollten.

Der Westen verlässt die gemeinsame Basis

Unter dem Einfluss AUGUSTINs setzte sich im Westen die
Auffassung durch, dass der Heilige Geist nicht allein vom
Vater, sondern vom Vater *und dem Sohn* (lat.: *filioque*)
ausgeht. Damit sollte die Gleichrangigkeit des Vaters mit
dem Sohn hervorgehoben und die volle Göttlichkeit des
Heiligen Geistes zum Ausdruck gebracht werden. Mehrere
fränkische Synoden nahmen den Zusatz in das Glaubensbekenntnis auf. 1014 wurde das *filioque* auf Veranlassung
des Kaisers Heinrich II. vom Papst in das Nicänum einge-
fügt und damit fester Bestandteil des abendländischen Glaubensbekenntnisses. 1054 spielte das *filioque* eine wesentliche Rolle bei der theologischen Begründung für das grosse
Schisma zwischen der östlich-orthodoxen und der abendländischen Kirche. Bis heute werten die orthodoxen Kirchen das *filioque* der Westkirchen als eine Aufkündigung
der ökumenischen Gemeinschaft und als ein hohes Hin-
dernis für die kirchliche Einheit.

Unterschiedliche Verständnisse von «Dogma»

Trinitätslehre und Christologie gelten als die ersten Dogmen der Kirche. Für die orthodoxen Kirchen sind und
bleiben sie die einzigen. Die Alte Kirche sah in diesen Dogmen freilich noch keine zeitlosen und theoretischen Prinzipien, sondern *Bekenntnisse* der christlichen Gemeinschaft
und eine Art von Umgrenzung, mit der gelebte christliche
Wahrheit und Wirklichkeit von Verfälschung und Fehldeu-

tung abgesetzt werden. Für die orthodoxe Kirche «sind die Dogmatisierungen konkrete Handlungen der Kirche in einer bestimmten Zeit mit einem bestimmten und konkreten historischen und kulturellen Kontext» (Larentzakis, 42). Das bedeutet, «dass die dogmatischen Formulierungen bzw. die dazu verwendeten Termini nicht als absolut und als unersetzlich zu betrachten sind» (Larentzakis, 42). Nach römisch-katholischem Verständnis ist das Dogma heute hingegen eine *geoffenbarte Wahrheit,* die unwandelbar und unveränderlich ist und auch in seiner sprachlichen Fassung als verbindlich gilt, in der es «von der Kirche in feierlichem Entscheid ... als von Gott geoffenbart zu glauben vorgelegt wird» (DH, 3011). Die protestantischen Kirchen verstehen Dogmen nicht als Glaubensvorschriften, sondern als *Antworten des Glaubens* im Sinne von Bekenntnissen. «Sie sind nicht Grundlage, sondern Ausdruck des Glaubens» (Bienert 97, 19). Dieses unterschiedliche Dogmenverständnis lässt erwarten, dass auch mit der Trinitätslehre in den Konfessionen recht unterschiedlich umgegangen wird. Das muss hier nicht durch die Kirchengeschichte verfolgt werden.

Kritische Würdigung

Was hat die Trinitätslehre geleistet?

Die christliche Kirche stellt sich den Herausforderungen des Hellenismus

Die Trinitätslehre ist der großartige Versuch, das Gottesverständnis, das in der Botschaft Jesu enthalten ist, im Stimmengewirr hellenistischer Gottesvorstellungen lebendig zu halten und es auch so zu formulieren, dass es den Anforderungen hellenistischen Denkens genügte und den Menschen der hellenistischen Welt verständlich und vermittelbar wurde. Die Synoden haben damit jenes aktuelle Problem zu lösen gesucht, das mit dem Eintritt des Christentums in den Kulturbereich des Hellenismus gegeben war. Da die Welt als statisch verstanden und das Denken als der Weltvernunft gemäß eingeschätzt wurde, war man überzeugt, ein theologisches Problem ein für alle Mal gelöst zu haben – ein Gedanke, der sich mancherorts bis heute erhalten hat.

Das Gottesverständnis Jesu wird abgesichert

Angesichts des Angebots von Göttern, Religionen und Kulten war es nicht damit getan, den Christengott nur ins Gespräch zu bringen und ihn den Regeln des Marktes zu überlassen. Er wäre von den Gottesvorstellungen der Polytheisten, der Mysterienreligionen, der Gnostiker, der philosophischen Dynamisten, Pantheisten, Monisten und Dualisten überformt und vereinnahmt worden und darin untergegangen. Abzusichern war, dass Gott als der *Vater* zu verstehen ist, so wie ihn auch Jesus verstanden hat. Mit dieser Metapher wird ausgedrückt, dass Christen ihren Gott nicht als abstraktes Prinzip der Weltvernunft oder als ein der Welt fernes Wesen sehen, vielleicht auch noch als ein Wesen unter vielen, sondern dass sie sich einem Gott gegenüber sehen, der ihnen nahe ist, der sie wie ein Vater begleitet, der ihnen aufhilft, wenn sie straucheln, der sie ermutigt, wenn sie mutlos sind, der ihnen Wege zeigt, wo alles ausweglos zu sein scheint. Die Vater-Metapher drückt ein Verhältnis des Vertrauens aus. Mit dieser Metapher bezeugen Christen einen Gott, der nicht Regeln setzt und diese eintreibt, sondern der selbst Liebe ist, der Menschen zur Liebe stark macht und sie auf diesem Wege Regeln des Zusammenlebens selbst finden lässt, wie die Umstände es erfordern.

Mit dem Stichwort «Schöpfer» schärft die Christenheit das Profil ihres Gottesverständnisses gegenüber dem religiösen Umfeld noch in anderer Hinsicht. Die griechisch-römischen und die hellenistischen Religionen haben ihre Götter nie als die Schöpfer des Himmels und der Erde in dem Sinne verstanden, dass sie als Schöpfer ihrer Schöpfung gegenüberstehen. Selbst die neuplatonische Philosophie sah die Welt nicht als Schöpfung, sondern als das, was aus einem göttlichen Urprinzip hervorgegangen ist (Emanation). Im hellenistischen Denken wurden Gott und Welt als wesensgleich verstanden. Anders gesagt: Die Welt trug die Spuren des Göttlichen und Gott, die Götter oder das Göttliche waren der Urgrund der Welt und gleichen Wesens mit ihr. Christen hingegen sehen im Einklang mit dem alttestamentlich-jüdischen Gottesverständnis Gott als den Schöpfer und damit als das Gegenüber der Welt. Schöpfer und

Schöpfung sind zwar untrennbar aufeinander bezogen, aber die Schöpfung ist als Schöpfung anderen Wesens als der Schöpfer. Sie verliert in dieser Sicht den Charakter des Göttlichen; sie wird geradezu entgöttlicht und damit erst im vollen Sinne zur Welt. Das bedeutet für Christen, dass nichts Geschöpfliches in den Rang des Göttlichen erhoben werden darf und dass sich auch kein Mensch anmaßen darf, sein eigener Gott oder Gott über andere zu sein. Außerdem ergibt sich für Christen aus dieser wesenhaften Unterscheidung von Schöpfer und Schöpfung, dass wir als Mitgeschöpfe in die Schöpfung eingebunden und damit für sie verantwortlich sind. Schließlich heißt das: Als Geschöpfe verdanken wir unser Leben und unsere Gaben nicht uns selbst, und wir müssen uns nicht mehr gegenseitig als die geborenen Feinde und Konkurrenten betrachten, sondern wir wissen uns als die Söhne und Töchter des einen Schöpfers und Vaters auch auf so etwas wie eine familiäre Gemeinschaft hin angelegt.

Das Bekenntnis zur Trinität weist mit seinem zweiten Artikel alle Spekulationen über Mittlerwesen zwischen Gott und Menschheit zurück. Die Trinitätslehre nennt Jesus von Nazaret in metaphorischer Rede den *Sohn Gottes* und sie bezeugt ihn als den Menschen, durch den das Wesen Gottes als bedingungslose Liebe offenbar und konkret geworden ist. Sie schließt aus, dass Jesus als Scheinleib, als Maske Gottes, als Idee, als Mythos für Stärke und Auferstehen zu verstehen ist, und sie hält mit dem Blick auf Jesu Wirken fest, dass Gottes Wesen als die Liebe gegenwärtig ist, die durch Menschen an Menschen geschieht. In diesem Wirken Jesu zeigt sich, dass er mit dem Vater eines Wesens ist, wie es in Joh 10,30 heißt: «Ich und der Vater sind eins.» Was über dieses Bekenntnis hinausgeht, ist Abwehr und

Abkehr von zeitgenössischen religiösen und philosophischen Gottesspekulationen.

Schließlich wird auch im dritten Artikel mit der Rede vom *Heiligen Geist* sowohl Bekenntnis wie Abgrenzung zum Ausdruck gebracht. In den altsprachlichen Wörtern für unser Wort «Geist» (gr. *pneuma*, lat. *spiritus*), in denen noch das alte hebräische «rúah» nachklingt ist noch das Konkrete des Windes und des Lebensodems erhalten. Der Geist ist wie der Lufthauch für den Menschen unverfügbar, er ist selbst Bewegung und bewegt anderes; er ist ungegenständlich. Mit der Bezeichnung «Heiliger Geist» wird gesagt, dass Gott ungegenständlich gegenwärtig ist, dass Menschen bewegt und zu einem neuen Leben gebracht werden und dass sie dieses Geschehen nicht durch eigene Geisteskraft bewirken können, sondern als Geschenk erfahren. Diese Weise der Gegenwart Gottes soll nicht als eine eigenständige Quelle göttlicher Gegenwart verselbstständigt werden, wie das in der Gnosis oder in philosophischen Denkprozessen geschieht; Gott erweist sich vielmehr als ganz gegenwärtig dort, wo Menschen sich vom Geist der Liebe, wie er in Jesus als Gottes Wesen offenbar wurde, erfüllen und zu einem Leben aus dieser geschenkten Liebe bewegen lassen.

Aus der Sicht des Menschen ist zu den Feldern oder Anschauungsformen, in denen sich der eine Gott jeweils ganz zeigt, das Wesentliche gesagt. Insofern ist die Trinitätslehre in ihrem Kern gar keine Lehre *über* einen dreieinigen Gott, sondern eher ein Bekenntnis *zu* dem einen Gott, der in unterschiedlichen Weisen den Menschen gegenwärtig ist. Diese elementaren Bekenntnisaussagen nahmen in der Glaubenspraxis der Alten Kirche die Gestalt des Lobpreises an. Für die theologische Klärung und die

Auseinandersetzung mit den konkurrierenden religiösen und philosophischen Strömungen mussten sie freilich den intellektuellen Ansprüchen der hellenistischen Welt genügen und deshalb in deren Denkformen und mit deren geistigem Instrumentarium artikuliert sein. So wurde das Bekenntnis – weit über seinen Bekenntnischarakter hinaus – zu einer eigenständigen geistigen Setzung, die das Gottesverständnis in hellenistischen Strukturen festschrieb. Eben dieser Vorgang wird daraufhin zu befragen sein, ob und inwiefern er dem christlichen Glauben auf Dauer gerecht wird und künftige Generationen binden darf.

Ein Grundelement kirchlicher Einheit

Die Trinitätslehre lässt sich auf die Formel zusammenziehen:

griechisch:	Eine Usia – drei Hypostasen
lateinisch:	Eine Substanz/Essenz – drei Personen
deutsch:	Ein Sein – drei Seinsweisen
	Ein Wesen – drei Wesenheiten

Diese theologische Formel steht nicht nur für ein elementares Bekenntnis; sie steht auch für ein kompliziertes theologisch-philosophisches Gedankengebäude. Das Bekenntnis beantwortet die Frage, wie der eine Gott sich den Menschen zeigt und offenbar macht, nämlich als Schöpfer/Vater, Sohn und Heiliger Geist, und zwar jeweils ungeteilt und ganz. Diese Sinnschicht der Selbstoffenbarung Gottes, die noch im möglichen Verständnishintergrund gelebten Glaubens liegt, kann man die Offenbarungs-Trinität nennen. Sie wurde auch «ökonomische» Trinität genannt, weil sie sich auf das Heilswirken/die Heilsökonomie bezieht.

Die Formeln enthalten aber mehr. Sie sagen nicht nur, wie Gott sich uns zeigt: Sie sprechen auch von der göttlichen Natur, von Gottes Sein und Wesen an sich, ja sogar von den Strukturen eines innergöttlichen Seins. Während die Bekenntnisaussagen mit Metaphern und Symbolen (Vater, Sohn, Geist) erfahrener Gotteswirklichkeit menschlichen Ausdruck zu geben suchen, also auf die für uns nicht verfügbare Gotteswirklichkeit hinweisen, legen die philosophischen Begriffe fest, wer Gott an sich ist, was sein Wesen und seine Seinsstruktur ist. Dies alles musste in hellenistischer Begrifflichkeit so gelöst werden, dass das eine göttliche Sein in den drei unterscheidbaren Seinsweisen widerspruchsfrei gedacht werden konnte. Die auf das innerste Sein gerichtete Begriffsschicht der Trinitätslehre kann man als die *Seins-Trinität* bezeichnen. Sie wurde auch die «immanente» Trinität genannt.

An diesem kunstvollen zweistöckigen Bekenntnis-Gedankengebäude haben alle christlichen Kirchen im Gang der Geschichte ihr Gottesverständnis orientiert, geprüft und immer wieder auf den jeweils aktuellen Verständnishintergrund hin neu interpretiert. Die Trinitätslehre hat sich trotz vielfacher Kritik als eine stabile Klammer für das Gottesverständnis der Christenheit erwiesen. Kritik ist dabei nicht als Negativum zu sehen, denn jede Kritik setzt sich mit den trinitarischen Formeln inhaltlich intensiv auseinander, bleibt also auf ihre Inhalte und Problemanzeigen bezogen.

Kritische Anfragen

Zur Erkenntnis des göttlichen Seins

Die vielen Interpretationen der Trinitätslehre im Lauf der Geschichte müssen wir uns hier nicht näher ansehen. Das wäre auch ein sehr aufwändiges Unternehmen. Wie ein geistiges Konzept nur aus dem Kontext seiner Zeit zu verstehen ist, so auch alle seine Interpretationen. Jede Interpretation der Trinitätslehre kommt aus dem Verstehenshintergrund je ihrer Zeit und legt Trinität im Horizont dieser Zeit aus. Bleiben wir also als Menschen des 21. Jahrhunderts in unserer Zeit und bei unseren Möglichkeiten des Erkennens, Verstehens und Denkens.

Wir haben gesehen, dass das Nachdenken über die Seinsweisen Gottes schon bei der Frage einsetzte, wie es zu verstehen ist, dass Menschen in der Begegnung mit Jesus von Nazaret die Gegenwart Gottes erfuhren und Jesus den Sohn Gottes nannten, und dass Menschen auch nach Jesu Tod der Gegenwart Gottes darin gewiss waren, dass sie vom Geist Jesu erfüllt wurden und aus diesem Geist ein neues Leben führen konnten. Das Nachdenken darüber, wie der eine Gott sich in so unterschiedlichen Begegnungen zeigen kann, wurde nötig, als Christen in der hellenistischen Umwelt auf ihren Gott hin befragt wurden. In der hellenistischen Welt genügte es offenbar nicht, mit den Metaphern vom Schöpfer/Vater, Sohn und Geist auf diesen einen Gott zu verweisen. Es musste auch geklärt werden, dass und wie in diesen unterschiedlichen Ebenen der Gotteserfahrung sich der eine und gleiche Gott zeigt. Dazu hätte im jüdischen Kulturkreis die einfache Feststellung genügt, dass es eben der eine und gleiche Gott sei, dessen Wesensmerkmal überall als Liebe kenntlich ist.

Diese Antwort reichte aber in der hellenistischen Welt nicht aus, wo gar nicht nach dem Wirken Gottes am Menschen, sondern nach dem Sein Gottes an sich gefragt wurde. Im alttestamentlich-jüdischen Gottesverständnis, das auch Jesus teilte, geht es stets darum, aus Gott und mit Gott zu leben. In den religiösen und philosophischen Hauptströmungen des Hellenismus geht es hingegen in erster Linie darum, Gottes Sein zu erkennen. Gott wurde hier in vielfachen Varianten mit der Weltvernunft gleichgesetzt. Der Zugang zu Gott vollzog sich in gebildeten Kreisen über Einsicht und Erkenntnis. In weniger gebildeten Kreisen lockten Mysterienkulte mit Geheimwissen über ihre Gottheit. In der Gnosis wird die wahre und rettende Erkenntnis durch jene Lichtgestalt gebracht, die zum Schein menschliche Gestalt annimmt, die Menschen an ihren himmlischen Ursprung erinnert und ihnen die Erkenntnis vermittelt, wie sie den Weg aus ihrer Gefangenschaft in der körperlichen Welt in die himmlische Heimat finden können.

In der Nachfolge PLATONS galt es als ausgemacht, dass die menschliche Vernunft das wahre Sein erfasst und somit auch Gott zu erfassen vermag. Allgemein war man davon überzeugt, dass wir durch unsere menschliche Vernunft an der Weltvernunft teilhaben. Bei diesem Verstehenshintergrund war es nur ein logischer Schritt, dass man die Weisen, in denen sich Gott den Menschen zeigt, zu Aussagen über sein Sein und Wesen hochrechnete. Man sagte: In der Art und Weise, in der Gott sich zeigt, drückt sich sein Sein und Wesen aus. So meinte man, aus den erfahrbaren Seins*weisen* Gottes dessen innerstes *Sein* erkennen zu können. Aus der dreifachen Weise seines *Erscheinens* erschloss

man eine dreifache innergöttliche *Seinsstruktur. Die Offenbarungs-Trinität wurde zur Seins-Trinität.* Die so ge-
wonnenen Erkenntnisse über das Sein Gottes galten fortan
als die unbefragbare Basis für das christliche Gottesverständnis. Vom trinitarischen Gottesverständnis her glaubte
man wie von einem festen Grund her argumentieren zu
können. Das ist plausibel, solange die philosophische Voraussetzung gilt, dass menschliches Denken dazu fähig ist,
Gottes innerstes Wesen zu erkennen. Aber gerade diese
Voraussetzung ist näher zu befragen.

Zu den Möglichkeiten menschlichen Erkennens

Die Voraussetzung dafür, dass Menschen Gott erkennen
können, liegt nach biblischem Verständnis nicht in der
Fähigkeit der menschlichen Vernunft, sondern darin, dass
sich Gott den Menschen zeigt, kundgibt, offenbart und der
Mensch diese Erfahrung mit seinen Möglichkeiten sprachlich artikuliert. Selbstoffenbarung Gottes kann überhaupt
nur wirklich werden, wo sie als die Erfahrung eines Menschen wirklich wird, d.h. wo sie in die Bedingungen und
Grenzen der geschöpflichen Welt eingeht. Was das bedeutet, muss aus der Sicht biblischen Gottesverständnisses
genauer bedacht werden. Die Religionen und Philosophien
der hellenistischen Welt sahen wohl auch die Welt in Gott
oder in Göttern gegründet, und zwar so, dass die Welt aus
Gott hervorging, sei es durch Zeugung, oder durch Emanation (Ausströmen oder Ausstrahlung) des göttlichen Ur-
prinzips bis ins Körperhafte. Das schließt die Vorstellung
ein, dass Gott und Welt gleichen Wesens sind oder dass die
körperliche Welt wenigstens noch Spuren des göttlichen
Wesens und Seins enthält.

Diese Gleichsetzung von Gott und Welt wird nach biblischem Verständnis ausgeschlossen. Hier werden Gott und Welt, Schöpfer und Schöpfung, Schöpfer und Geschöpf voneinander unterschieden. Die Welt ist vom Schöpfer gewollt und bejaht und insofern von ihrem Ursprung her bleibend mit ihm verbunden. Aber alles Weltliche ist Schöpfung und eben nicht Schöpfer und insofern grundsätzlich anderen Wesens als der Schöpfer. Der Mensch kann demnach als Geschöpf über die Grenzen, die er als Geschöpf hat, nirgendwo hinausgelangen und daher auch nicht in den Seinsbereich des Göttlichen vordringen. Selbst durch sein Denken nicht, das bei allen seinen Höhenflügen doch immer von weltlicher Art bleibt. Ein von Menschen denkbarer und gedachter Gott bleibt immer ein Gott von weltlicher Art. Gott denken wollen, hieße, ihn zu einem weltlichen Gegenstand zu machen.

Betrachten wir das, was wir bisher als die Selbstoffenbarung Gottes bezeichnet haben, nun aus der Sicht des Menschen. Was der Mensch wahrnehmen und erfahren kann, das muss im Bereich jener Möglichkeiten liegen, mit denen er ausgestattet ist. Wir wissen heute, dass alles, was wir wahrnehmen, erfahren, denken und erkennen, Vorgänge sind, die sich im Medium und innerhalb der Grenzen unserer körperlichen Vorgaben und Prozesse ereignen. Das bedeutet: Was wir von Gott erfahren, können wir nur im Rahmen dieser unserer menschlichen Erfahrungsmöglichkeiten, also in menschlicher Gestalt, erfahren. Und was wir davon artikulieren, denken und erkennen, das können wir ebenfalls nur in den Anschauungsformen, Denkmustern, Begriffen und Symbolen tun, die wir unserer Erfahrungswelt entnommen haben, zu der auch die Kultur gehört, in der wir leben. So ist es legitim und wohl auch die einzige Möglichkeit, von Gott so zu sprechen, wie wir seine Gegenwart erfahren, oder anders gesagt, wie er sich uns zeigt. Es muss uns dabei nur bewusst bleiben, dass wir unsere Erfahrungsweisen und Denkbemühungen nirgendwo über den innerweltlichen Bereich hinaus ausweiten können, um auf diese Weise Einsicht und Kenntnis über etwas wie das innergöttliche Sein zu erlangen. Es gibt für die Menschen keine Möglichkeit, über die erfahrbare Gegenwart Gottes hinaus Einsicht in das göttliche Sein (in eine Seins-Trinität) zu gewinnen.

Zum Geheimnischarakter

Der Katechismus der katholischen Kirche (KKK), der von Johannes Paul II. zur «Sicheren Norm für die Lehre des Glaubens» erklärt worden ist, sagt zur Trinität: «Das Mysterium der Heiligen Dreifaltigkeit ist das zentrale Geheimnis des christlichen Glaubens und Lebens. Es ist das Mysterium des innersten Lebens Gottes, der Urgrund aller anderen Glaubensmysterien ...» (KKK, 234) Die Trinität «stellt ein Geheimnis dar, das der Vernunft nicht zugänglich ist» (KKK, 237). Die Trinitätslehre sei eines jener Glaubensmysterien, die den Menschen gar nicht bekannt werden könnten, «wenn sie nicht von Gott geoffenbart werden» (ebenda).

Der evangelische Erwachsenenkatechismus (EEK) beginnt seine Ausführungen zur Trinität mit dem Satz: «Kaum ein Gegenstand des christlichen Glaubens erscheint heute als so rätselhaft, ja verstiegen, wie das Bekenntnis zu Gott, dem Dreieinigen.» (EEK, 221) Der evangelische Katechismus spricht weder von einem Geheimnis, noch dass ein Trinitätsgeheimnis von Gott offenbart worden sei. Er weist im Gegenteil darauf hin, dass das Neue Testament keine Trinitätslehre enthält und dass diese Lehre im Lauf der Kirchengeschichte verschiedentlich und von Anfang an in Frage gestellt und problematisiert worden ist. Er skizziert auch die möglichen Missverständnisse, versucht aber doch, den Trinitätstexten etwas von jenem plausiblen Sinn abzugewinnen, den die Kirchenväter damit verbunden haben.

Inwiefern ist die Trinitätslehre ein Mysterium/Geheimnis? Das Wort «Mysterium» hat in der religiösen Sprache viele Bedeutungsvarianten. Bezogen auf die Trinitätslehre seien nur zwei dieser Bedeutungen genannt. Als Mysterium gilt zum einen ein für das Heil wesentlicher Tatbestand, der den Menschen nur durch Gott offenbart werden kann, weil ihn der Mensch von sich aus nicht zu erkennen vermag. In dieser Bedeutung kann man die Trinitätslehre kaum als ein Geheimnis bezeichnen, denn sie ist ja erst in mühsamen Denkbemühungen und z.T. unter kaiserlichem Diktat, also gerade durch menschliches Nachdenken und politischen Druck zustande gekommen. Die Hilfskonstruktion, dass die versammelten Amtsträger kraft ihres Amtes bei ihren Streitigkeiten und bei den Abstimmungen von Gott erleuchtet waren, sollte man besser nicht bemühen. Eine für das Heil wesentliche Erkenntnis kann die Trinitätslehre auch kaum verkörpern, weil den Christengenerationen vor 381 sonst Wesentliches zum Heil gefehlt hätte.

In zweiter Bedeutung ist mit «Mysterium/Geheimnis» eine von Gott geoffenbarte Lehre gemeint, die der menschlichen Vernunft nicht oder noch nicht zugänglich ist. Nun ist die Trinitätslehre ja nicht als unverständliches Geheimnis vom Himmel gefallen. Die versammelten Bischöfe haben ihr ja auch nicht deshalb zugestimmt, weil sie ein un-

106

zugängliches Geheimnis darstellte, sondern weil sie ihnen plausibel erschien. Im System einer neuplatonischen Begrifflichkeit ist es durchaus nachvollziehbar, das eine göttliche Sein in drei Seinsweisen zu denken. Wo dieses fein abgestimmte philosophische Begriffssystem aber nicht oder nicht mehr die allgemein gültige Voraussetzung ist und den Schlüsselbegriffen veränderte Bedeutungen zugeordnet werden, da kommt es zu ausweglosen Selbstwidersprüchen und zu absurden Folgerungen. Im Blick auf die von seiner Kirche zum Geheimnis erklärten Trinitätslehre stellt der katholische Theologe und Religionswissenschaftler K.-H. Ohlig zutreffend fest: «Nicht jede Aporie (Ausweglosigkeit des Denkens) ist Zeichen numinoser Unbegreiflichkeit.» (Ohlig, 15)

Zur Verbindlichkeit

Mit der Synode von Konstantinopel 381 war das trinitarische Modell gesamtkirchlich festgeschrieben. Das wird auf der Synode von Chalcedon 451, erweitert durch christologische Klärungen, noch einmal bestätigt und mit folgenden Schlusssätzen zur kirchlichen Norm erhoben: «Da dies von uns in jeglicher Hinsicht mit aller Sorgfalt und Gewissenhaftigkeit festgesetzt wurde, beschloss die heilige und ökumenische Synode, dass keiner einen anderen Glauben vortragen, niederschreiben, verfassen oder anders denken und lehren darf ...» (DH 303) Mit diesem Satz wird eine einschneidende Zäsur im Glaubensverständnis der Christenheit markiert. Aus dem Glauben an die Leben schaffende Botschaft Jesu ist der Glaube an die von der Kirche festgesetzte Lehre über die göttliche Trinität geworden. Das ist der entscheidende Schritt vom «Glauben der Kirchengemeinschaft» zum «Glauben an die Kirche». Die Kirche legt jetzt fest, was rechtgläubig ist. Nicht zufällig war das historisch der Zeitpunkt, an dem sich einige regionale Kirchentümer von der Reichskirche lossagten, weil sie den Beschlüssen von Chalcedon nicht zustimmen konnten. Hörten diese Christen damit auf, Christen zu sein? Waren die vielen Generationen vor 451 noch keine vollwertigen Christen, weil sie Gott, Jesus und den Heiligen Geist in unterschiedlichen Metaphern zum Ausdruck brachten? Waren die germanischen Stämme, die ihren Christenglauben in arianischer Form zum Ausdruck brachten, über Jahrhunderte keine richtigen Christen? Wo die Kirche Normen für den richtigen Glauben festzulegen begann, da leitete sie das Zeitalter der Konfessionen ein.

Für den christlichen Glauben kann niemals eine Lehre oder ein Dogma verbindlich sein, weil Glaube kein verordneter Inhalt in bestimmter Sprachgestalt ist, sondern das Wagnis eines Lebens aus dem Geist Jesu. Es ist aber sinnvoll und nötig, dass der gelebte Glaube auch auf seine Inhalte hin kritisch reflektiert wird. Das leistet die Theologie. Die Trinitätslehre ist das Ergebnis theologischer Reflexion im Verstehenshorizont und im Begriffsgefüge neuplatonischen Denkens im vierten Jahrhundert. Das war in jener Zeit hilfreich zur Klärung des christlichen Gottesverständnisses im Stimmengewirr der hellenistischen Religionen. Mit der Trinitätslehre wird in der Ebene der Reflexion und angesichts der vielen Gottesverständnisse das Profil des christlichen Gottesverständnisses herausgearbeitet. Dieser zeitbedingte Versuch, den gelebten Christusglauben in der hellenistischen Welt «auf den Begriff» zu bringen, kann aber nicht für alle Zukunft zur verbindlichen Voraussetzung für den christlichen Glauben erhoben

werden. Mit dem Untergang der hellenistischen Kultur verlieren die Formulierungen der Trinitätslehre ihre Plausibi-
lität. Das zeigt sich bereits sehr früh im lateinischen Westen der Kirche. Im Grunde ist es jeder Kultur und jeder
Generation neu aufgegeben, das christliche Gottesverständnis im Verstehenshorizont ihrer Zeit so zu formulieren, dass es sowohl den gelebten Glauben als auch den
Verständnismöglichkeiten der Zeitgenossen entspricht. Da
es kein zeitlos gültiges, verbindliches Glaubenssystem gibt,
kann auch für die frühkirchliche Trinitätslehre keine zeit-
lose Verbindlichkeit im Sinne einer unveränderlichen Basis
reklamiert werden. Jede theologische Aussage ist und bleibt
historisch bedingt. Diese elementare Einsicht in menschliches Denken, Erkennen und Kommunizieren kann durch
kein Dogma außer Kraft gesetzt werden.

Zur Notwendigkeit

Die Frage nach der Notwendigkeit der Trinitätslehre stellt
sich in zweifacher Weise. Zunächst ist zu fragen, ob sich
die Trinitätslehre mit logischer Notwendigkeit aus den
biblischen Texten entwickeln musste. Dafür gibt es keinen
Anhaltspunkt. Die triadischen Formeln mögen Anstöße
gegeben haben, aber der Weg zur Trinitätslehre hat wohl
mehr mit der inneren Logik des neuplatonischen Denkens
als mit den biblischen Impulsen zu tun. Unter anderen
religiösen, kulturellen und sprachlichen Bedingungen hätten sich auch ganz andere Sprachgestalten des Gottesverständnisses entwickeln können. Das veranschaulichen die
unterschiedlichen christologischen Modelle der biblischen
Schriften und die phantasievolle Fülle der späteren Trini-
tätsinterpretationen.

Die andere Frage lautet, ob die Trinitätslehre für den christlichen Glauben notwendig ist. Historisch spielt sie bis heute eine große Rolle. Aber die klärenden und die absichernden Gedanken, die in der Trinitätslehre gebündelt sind, können auch ohne die klassischen Formeln von dem einen Sein in den drei Seinsweisen zum Ausdruck gebracht werden. Das Verdienst der Trinitätslehre liegt wohl mehr darin, die Reflexion für Fragen offen zu halten, als letzte Antworten zu geben.

Zur Rückführung auf die Erfahrungsbasis

Die biblischen Texte bezeugen einen Gott, der sich in der Lebenswirklichkeit von Menschen als gegenwärtig erwiesen hat. Die hellenistischen Reflexionen über Gott setzen zwar bei diesen konkreten Gotteserfahrungen an, sie überlagern und überfrachten das alttestamentlich-jüdische Gottesverständnis aber mit neuplatonischer Begrifflichkeit und mit Seinsvorstellungen ganz fremder Art. Die Erfahrungsweisen Gottes als des Schöpfers/Vaters, des Sohnes und des Heiligen Geistes werden zunehmend vergegenständlicht und personalisiert. Sie gewinnen ein der erfahrbaren Glaubenswirklichkeit entfremdetes Eigenleben und führen in abgehobene Spekulationen über das innergöttliche Sein. Unter der Dominanz hellenistischen Denkens wird der christliche Glaube von einer lebendigen Erfahrungsgewissheit in ein zustimmungspflichtiges abstraktes Lehrgebäude umgeformt. Sobald dieser hellenistische Umformungsprozess als kulturell bedingt erkannt ist, kann die zugrunde liegende Erfahrungsbasis, aus der das hellenistische Denkgebäude entwickelt wurde, wieder sichtbar werden.

Es bleibt unstrittig, dass sich die frühe Kirche den geistigen Herausforderungen der hellenistischen Welt stellen musste. Sie tat das mit bewundernswerter geistiger und geistlicher Kraft, aber sie tat das in ihrer Zeit und für ihre Zeit. Am Ende einer langen Auseinandersetzung mit allen nur möglichen Gottesverständnissen und Lösungsversuchen stand eine knappe Formel, verfasst in philosophischer Begrifflichkeit. Das war kein Nachteil, sondern nur zeitgerecht, solange dieser philosophische und sprachliche Verstehenshintergrund gegeben war. In Regionen und in kulturellen Phasen, in denen dieser Verstehenshintergrund nicht existierte, musste die Einigungsformel zur Verständnisbarriere werden, die dann zum «Geheimnis» umgedeutet werden konnte. Die ehrwürdigste Formel hat aber ihre Funktion verloren, wenn sie nicht mehr den Sinn freigibt, der mit ihr zum Ausdruck gebracht werden sollte. Für Theologen, die die Trinitätsformel zu entschlüsseln verstehen, wird sie ein wichtiges Glaubenszeugnis bleiben. Als Ausdruck christlichen Glaubens in unserer Kultur des 21. Jahrhunderts kann sie kaum mehr gelten. Das sehen die orthodoxen Kirchen anders. Hier sind die trinitarischen Formeln in der Gestalt des Glaubensbekenntnisses als Lobpreis Gottes in den Gottesdienst der Gemeinde integriert. Von der Gemeinde ist nicht verlangt, den einzelnen Aussagen des christlichen Glaubensbekenntnisses intellektuell zuzustimmen, sondern mit den Worten der Kirchenväter in den Lobpreis Gottes durch die Gemeinde einzustimmen.

Im lateinischen Westen haben die Bekenntnisformulierungen von 381 bereits in der Interpretation AUGUSTINS einen lehrhaften Charakter angenommen, der auf Zustimmung zielt. Dadurch wurden die zeitbedingten Ausdrucksformen des Glaubens zur zeitlosen Basis und zum bleibenden Gegenstand des Glaubens. Die Formulierungen des

Trinitätsbekenntnisses bleiben hilfreich, sofern wir uns von ihnen auf gelebte Glaubenswirklichkeit verweisen lassen. Sie können aber nicht den Anspruch erheben, als Basis oder Gegenstand christlichen Glaubens genommen zu werden.

In der westlichen Welt haben wir keine Probleme damit, unseren Glauben im Kirchengesang mit den Metaphern der altkirchlichen Hymnen, der deutschen Mystik, der Böhmischen Brüder, der Reformationszeit oder des Barockzeitalters zum Ausdruck zu bringen. Das schließt uns mit jenen Christengenerationen im gleichen Geist zusammen und hält auch unser Bewusstsein dafür wach, dass wir von Gott grundsätzlich nur metaphorisch reden können, und zwar zeitgebunden mit den Metaphern der jeweiligen Zeit. Wenn wir die trinitarischen Bekenntnisformulierungen dieser metaphorischen Redeweise zuordnen und sie als Begriffs-Metaphern verstehen, so befreien wir sie ganz unspektakulär aus dem Gefängnis ihrer Vergegenständlichung und aus ihrem normativen Geltungzwang, in die sie – durch wessen Schuld auch immer – geraten sind. Als metaphorische Aussagen verpflichten sie uns nicht auf ihre zeitgebundenen Formen und auf ihre intellektuelle Problematik, die wir denkend zu bewältigen hätten; als gute Metaphern *geben sie uns zu denken*, fordern sie uns zu eigenem Denken heraus.

Glossar

Adoptianismus: (lat.) Das christologische Modell, wonach Jesus durch seine Taufe zum Sohn Gottes adoptiert und mit Gottes Geist erfüllt worden ist.

Agnostizismus: (von gr. *ágnostos* = unbekannt) Die Überzeugung, dass jede rationale Erkenntnis des Göttlichen auszuschließen ist.

Analogie: (gr.) Gleichheit von Verhältnissen, Entsprechung, Ähnlichkeit.

Apologeten: (von gr. *apologéomai* = ich verteidige, lege Gründe dar) Gr. und lat. Schriftsteller des 2. und 3. Jahrhunderts, die den christlichen Glauben gegen Verleumdungen in Schutz nehmen, inhaltlich verteidigen und für hellenistische Leser als die wahre Philosophie darzustellen suchen.

Astrologie: (gr. Sternenkunde) Der Glaube, dass die Gestirne von geistigen oder göttlichen Kräften beseelt oder diese selbst sind und auf das Schicksal der Menschen und den Gang der Geschichte einwirken.

Atheismus: (von gr. *átheos* = ohne Gott). Der Atheist leugnet entweder bestimmte Vorstellungen eines personalen überweltlichen Gottes oder er lehnt jede Art von Existenz eines Göttlichen ab.

Christologie: Die Lehre von der Person Christi.

Deísmus: (von lat. *deus* = Gott). Versteht Gott als den Urgrund des Seins. Gott existiert aber außerhalb von Welt und Geschichte und wirkt auf das Weltgeschehen nicht ein. Der Gott der Deisten gleicht dem Uhrmacher.

Demiúrg: (gr. Handwerker, Verfertiger) Seit Platon die Bezeichnung für den Weltenschöpfer; in verschiedenen Religionen im Gegensatz zu einem obersten Gott.

Diasporá: (gr. Zerstreuung) Religiöse Minderheit in einem religiös andersartigen Umfeld.

Diastáse: (gr. Auseinandertreten) Der Abstand zwischen Christentum und nichtchristlicher Religiosität.

Doketísmus: (von gr. *dokéin* = scheinen) Die Vorstellung, dass Jesus nicht wirklich Mensch war, sondern nur einen Scheinleib angenommen hat.

Dualismus: (von lat. *dualis* = zwei enthaltend) Der Glaube, dass das Schicksal von Welt und Mensch durch zwei Prinzipien (Gott/Welt, Geist/Materie, u.a.) bestimmt wird.

Dynamismus: (von gr. *dýnamis* = Kraft) Der Glaube, dass sich in den Dingen der Welt und in den Erfahrungen und Prozessen des Alltags sakrale und nichtalltägliche Kräfte manifestieren. Diese Mächte können personhaft oder unpersönlich gedacht werden.

Emanation: (lat.) Ausströmen, Ausfluss, Hervorgehen aller Dinge aus dem göttlichen Einen. Besonders im Platonismus und in der Gnosis.

Gnosis: (gr. Erkenntnis, Wissen) Eine spätantik-orientalische religiöse Weltanschauung auf dualistischer Basis. Sie lehrt, dass der geistig-göttliche Funke, der in die Materie des Menschen eingegangen ist, durch Gnosis erweckt werden und den Menschen erlösen kann.

Henotheismus: (von gr. *hen* = eins u. *theós* = Gott). Innerhalb polytheistischen Denkens die Zuwendung zu nur einem Gott. Angesichts der vielen Götter wendet sich der Beter nur einem einzigen Gott als dem Hauptgott oder dem persönlichen Schutzgott zu. In anderen Situationen kann er sich wieder einem anderen Gott zuwenden. Der eine Gott wird dabei nie zum alleinigen Gott. Andere Götter werden nicht bestritten.

Homo-úsios: (gr.) wesenseins, wesensgleich.

Homoi-úsios: (gr.) wesensähnlich.

Hellenismus: Die Kulturepoche von Alexander d. G. (336 v. Chr.) bis Kaiser Augustus († 14 n. Chr.), in der im Mittelmeerraum die griechischen und orientalischen Religionen und Kulturelemente miteinander verschmolzen. Die hellenistische Kultur wirkte noch weit in die folgenden Jahrhunderte.

Judenchristlich: Jüdische Menschen, die Christen wurden, bezeichnete man als «Judenchristen».

Kanon: (sum./babyl./gr./lat. Rohrstab, Richtschnur, Maßstab, Norm) Auf die Bibel bezogen die Sammlung von Schriften, die für den christlichen Glauben als die normative Grundlage für Leben, Weltdeutung und Ethos gelten soll.

Metapher: (gr.) Bildliche Übertragung, übertragener bildlicher Ausdruck.

Modalismus: (von lat. *modus* = Art und Weise) Das christologische Modell, wonach Christus als eine Erscheinungsweise Gottes verstanden wird.

Monarchianismus: (von gr. *mónos* = einzig, allein u. *arché* = Urgrund, Ursache) Die Überzeugung, dass Gott allein der Urgrund allen Seins ist. Christus ist entweder ein durch göttliche Kraft erfüllter Mensch (Adoptianismus) oder er ist eine Erscheinungsweise Gottes (Modalismus).

Monismus: (von gr. *mónos* = einzig) Alle Formen von All-Einheitslehren, nach denen Welt und Wirklichkeit aus einem einzigen Prinzip erklärt werden.

Monolatrie (von gr. *mónos* = allein, einzig u. *latréia* = Verehrung) Verehrung eines einzigen Gottes durch eine Gemeinschaft, ohne dass die Existenz anderer Götter oder deren Verehrung durch andere Gemeinschaften in Frage gestellt wird.

Monotheismus: (von gr. *mónos* = allein, einzig u. *theós* = Gott) Anerkennung und Verehrung nur einer einzigen und alleinigen Gottheit, durch welche die Existenz anderer Götter ausgeschlossen wird.

Panentheismus: (von gr. *pan* = jedes, alles u. *en* = in u. *theós* = Gott). Lehrt, dass das All mit Gott zwar nicht in eins zu setzen ist, aber doch in Gott enthalten ist. Der Gedanke eines personalen Gottes und/oder einer Schöpfung ist ausgeschlossen. Diese Gottesvorstellung ist tendenziell in einigen philosophischen Gotteslehren enthalten.

Pantheismus: (von gr. *pan* = jedes, alles u. *theós* = Gott) Die Vorstellung, dass Gott und alles, was Welt ist, ineinanderaufgehen.

Polytheismus: (von gr. *polýs* = viel u. *theós* = Gott) Der Glaube an eine Vielzahl von Göttern, Göttinnen, Gottheiten.

Schisma: (gr.) Kirchenspaltung, weil sich Teile der Kirche der Vorherrschaft eines anderen Teils nicht unterwerfen wollen.

Sotér: (gr.) Retter, Heiland, Erlöser.

Subordinatianismus: (lat.) Das christologische Modell, wonach Christus als der Logos ein Gott untergeordnetes Wesen ist. Christus ist von Gott gezeugt und deshalb niedriger als der ungezeugte ewige Gott.

Symbol: (gr.) Gegenstand, Vorgang, der für einen anderen, nicht wahrnehmbaren und nicht darstellbaren geistigen Sachverhalt steht. Bildhaft-anschaulicher Ausdruck, der auf Ungegenständliches verweist.

Synkretismus: (gr.) Allgemein: Religionsverschmelzung. Speziell die Religionsvermischung, die sich innerhalb der hellenistischen Kultur vollzogen hat. Bei dieser Vermischung ist die Überzeugung vorausgesetzt, dass alle konkreten Religionen und Kulte trotz ihrer Unterschiedlichkeit auf die eine und gleiche Gottheit bezogen sind. In diesem Denken werden die Götter austauschbar. Das Wort bezeichnete ursprünglich den Zusammenschluss sonst verfeindeter Gemeinwesen der Kreter, wenn es darum ging, einen gemeinsamen Feind abzuwehren.

Synode: (gr. Zusammenkunft) Versammlung von Bischöfen und anderen kirchlichen Amtsträgern mit dem Ziel, kirchliche und theologische Fragen zu erörtern und zu entscheiden.

Synoptiker: (von gr. Zusammenschau) Bezeichnung für die Evangelien des Matthäus, Markus und Lukas, die man aufgrund ihrer Verwandtschaft, «zusammen sehen», nebeneinander wiedergeben kann, um so ihre Gemeinsamkeiten, ihr Wachstum und ihre Eigenheiten zu erkennen.

Synopse: Abdruck der Evangelien des Matthäus, Markus und Lukas nebeneinander.

Theismus: (von gr. *theós* = Gott) Die Überzeugung, dass Gott als einziger und alleiniger existiert und sich als Schöpfer von seiner Schöpfung dem Wesen nach unterscheidet.

Trias, pl. *Triaden*: (von gr./lat. *tri…* = drei) Dreiheit, Dreizahl

Trimurti: (sanskrit: dreigestaltig) Göttliche Dreiheit des Hinduismus, bestehend aus Balma, Wischnu und Schiwa.

Trinität: (lat.) Dreieinigkeit, Dreifaltigkeit. Drei Seinsweisen in der Einheit des Seins.

Tristichon: (von gr. *tri...* = drei u. *stichos* = Vers) Eine aus drei Teilen bestehende Versgruppe.

Tritheismus: (von gr. *tri...* = drei u. *theós* = Gott). Annahme und Verehrung von drei Gottheiten (oft Vater, Mutter und Sohn). Theologisch die Bezeichnung für die Vorstellung, dass Vater, Sohn und Heiliger Geist nicht gleichen Wesens, sondern eigenständige Wesen sind.

Usía: (gr.) Substanz, Wesen, Sein.

Zitierte Literatur

Barth, Hans-Martin: Dogmatik – Evangelischer Glaube im Kontext der Weltreligionen, Gütersloh 2001

Bertholet, Alfred: Wörterbuch der Religionen, Stuttgart 1985

Bienert, Wolfgang A.: Dogmengeschichte, Stuttgart 1997

Breuning (87a), Wilhelm: Trinitarische Irrlehren, in: W. Beinert (Hg.): Lexikon der katholischen Dogmatik, Freiburg 1987, S. 523f

Breuning (87b), Wilhelm: Trinitätslehre, in: W. Beinert (Hg.): Lexikon der katholischen Dogmatik, Freiburg 1987, S. 519–523

CA – Confessio Augustana, 1530

DH – Denzinger, Heinrich und Hünermann, Peter: Kompendium der Glaubensbekenntnisse und kirchlichen Lehrentscheidungen, Freiburg, 37. Aufl., 1991

EEK – Evangelischer Erwachsenenkatechismus, Gütersloh, 6. Aufl., 2000

Hahn (I), Ferdinand: Theologie des Neuen Testaments, Bd. I, 2. Aufl., Tübingen 2005

Häring, Hermann / Kuschel, Karl-Josef: Trinität, in: Wörterbuch des Christentums, 1988, S. 1279–1283

Hauschild (I), Wolf-Dieter: Lehrbuch der Kirchen- und Dogmengeschichte, Bd. I, Gütersloh 1995

Hirschberger (I), Johannes: Geschichte der Philosophie, Bd. I, 14. Aufl., Freiburg 1991

Isermann, Gerhard: Widersprüche in der Bibel, Göttingen 2000

KKK – Katechismus der Katholischen Kirche, 1993 (zitiert nach den Nummern der Abschnitte)

Larentzakis, Georgios: Die orthodoxe Kirche, Graz/Wien/ Köln 2000

Ohlig, Karl-Heinz: Ein Gott in drei Personen? Mainz 1999

Ritschl, Dietrich: Pneumatologie, in: Evangelisches Kirchenlexikon, Bd. 3, 3. Aufl., 1992, Sp. 1247–1252

Ritter (I), Adolf Martin: Kirchen- und Theologiegeschichte in Quellen, Bd. I, Alte Kirche, 5. Aufl., Neukirchen-Vluyn 1991

Scholl, Norbert: Das Geheimnis der Drei, Darmstadt 2006

Schneider, Theodor: Handbuch der Dogmatik, Bd. I u. II, 2. Aufl., Düsseldorf 2002

Theissen (96), Gerd / Merz, Annette: Der historische Jesus, Göttingen 1996

Theissen (01), Gerd: Die Religion der ersten Christen, 2. Aufl., Gütersloh 2001

Theissen (02), Gerd: Das Neue Testament, München 2002